我们一起解决问题

普华经管学术文丛

消费者洞察

大数据驱动下的新媒体运营研究

唐妍　著

人民邮电出版社
北京

图书在版编目（CIP）数据

消费者洞察：大数据驱动下的新媒体运营研究 / 唐
妍著. -- 北京：人民邮电出版社，2022.10（2023.12重印）
（普华经管学术文丛）
ISBN 978-7-115-59375-7

Ⅰ.①消… Ⅱ.①唐… Ⅲ.①传播媒介－运营管理－
研究 Ⅳ.①G206.2

中国版本图书馆CIP数据核字(2022)第094102号

内 容 提 要

　　本书以消费者洞察为核心切入点，深入研究了大数据驱动下的新媒体运营。全书共分
为六章，第一章至第三章主要介绍了新媒体运营的基本知识、新媒体运营的多元化途径、
基于新媒体运营角度的大数据解读，第四章至第五章主要分析了大数据驱动下的新媒体运
营体系和消费者模式，第六章主要介绍了大数据在新媒体营销中的多维应用实践。

　　本书适合对将大数据应用于新媒体运营感兴趣的读者及正在从事相关工作的运营人员
和研究、咨询机构的相关从业人员阅读。

◆　　著　　唐　妍
　　责任编辑　陈　宏
　　责任印制　彭志环

◆ 人民邮电出版社出版发行　　北京市丰台区成寿寺路 11 号
　　邮编 100164　　电子邮件 315@ptpress.com.cn
　　网址 https://www.ptpress.com.cn
　　北京虎彩文化传播有限公司印刷

◆ 开本：700×1000　1/16
　　印张：15.5　　　　　　　　　　　　2022 年 10 月第 1 版
　　字数：300 千字　　　　　　　　　　2023 年 12 月北京第 5 次印刷

定　价：89.00 元
读者服务热线：（010）81055656　印装质量热线：（010）81055316
反盗版热线：（010）81055315
广告经营许可证：京东市监广登字 20170147 号

随着互联网技术的快速发展，大数据在各行各业得到了广泛应用。其价值在各个领域都得到了充分的展现，也在很大程度上改变了媒体生态。新媒体机构可以通过对比数据确定运营方向，通过分析数据构建用户画像，通过数据可视化呈现多维度的数据关系。但是，目前学界对大数据在新媒体运营中的应用仍缺乏系统研究。

本书基于微博、微信、短视频等新媒体及移动互联网的快速发展，介绍了新媒体运营的基本知识，分析了不同类型新媒体的运营方法，从运营角度介绍了新媒体行业在大数据的支持下如何适应快速变化的社会，举例阐述了新媒体在营销中的应用。总而言之，笔者希望本书能起到一个抛砖引玉的作用，希望更多相关研究人员能开展该方面的研究，为行业的长远发展添砖加瓦。

本书共分为六章。第一章为绪论，主要阐述新媒体运营的认知、新媒体运营的定位及新媒体运营的用户思维等方面的内容；第二章从新媒体运营的多元化途径入手，主要介绍社交类新媒体运营、社群类新媒体运营、新闻咨询类新媒体运营及直播和短视频类新媒体运营等内容；第三章基于新媒体运营角度进行大数据解读，内容包括大数据简述、大数据环境下的消费者行为分析、大数据与新媒体运营的关系思辨及大数据环境下传统媒体与新媒体的融合发展；第四章主要从大数据驱动下的新媒体运营体系入手，重点阐述新媒体运营的数据处理体系构建、大数据与新媒体内容运营变化、大数据与新媒体营销体系变革及大数据驱动下的新媒体营销升级策略；第五章以用户画像为例对大数据驱动下的消费者模式进行分析，内容包括大数据改变了营销传播中的用户、大数据驱动下的用户画像构建方法；第六章主要介绍大数据在新媒体营销中的多维应用实践，内容包括大数据协助营销人员优化广告创意与活动、大数据与谷歌的广告营销、社交媒体时代服装品牌联名营销发展新态势、化妆品企业新媒体营销策略的实施与保障、大数据背景下银行个人贷款业务精准营销策略。

作者在撰写本书的过程中，得到了许多专家和学者的帮助和指导，并参考了大量的学术文献，在此对这些文献的作者表示真诚的感谢。本书力求内容系统全面、论述条理清晰，但是由于笔者水平及时间有限，书中难免会有疏漏之处，恳请同行学者和广大读者予以批评指正。

目 录

第一章 绪论

第二章　新媒体运营的多元化途径

第三章　基于新媒体运营角度的大数据解读

第四章　大数据驱动下的新媒体运营体系研究

第五章　大数据驱动下的消费者模式——以用户画像为例

第六章　大数据在新媒体营销中的多维应用实践研究

第一章

绪论

1

第一节 新媒体运营的认知

　　新媒体运营是指整合产品、策划、宣传、公关和广告的一系列完整的计划、组织、实施和控制活动。不是任何人都能胜任新媒体运营。本节将对新媒体运营人员的必备素质及新媒体运营的常见思维、流程和策略进行详细介绍，为新媒体运营人员做好运营工作打好基础。

一、新媒体运营人员的必备素质

　　一名合格的新媒体运营人员必须具备产品理解能力、网感、资源整合能力、策划能力和写作能力等，只有这样才能做好新媒体运营工作，具体内容如下。

（一）产品理解能力

　　产品是运营的基础，一名合格的新媒体运营人员必须具备产品理解能力，能够清晰地对产品进行定位，分析产品对用户的吸引力，洞察用户的行为模式和特点，根据不同类型用户的需求进行有针对性的运营，从而最大限度地激发用户的购买欲望和传播欲望。

（二）网感

　　网感是网络敏感度的简称，它反映了新媒体运营人员对网络流行热点（如网络热点话题、网络热点词汇、网络热点表情包等）的快速反应能力。新媒体运营人员的网感会对其创作灵感产生直接影响，网感较强的运营人员更容易掌握先机。如果可以将企业品牌、产品或价值与网络热点进行充分融合，

3

运营内容就能更好地吸引用户，从而占据运营优势。

（三）资源整合能力

新媒体运营平台众多，这些平台虽然方便了新媒体运营人员开展运营活动，但在运营过程中也很容易出现资源分散、端口交叉或重叠的问题。例如，不同的运营平台如果存在多个同质化的内容，就会导致运营内容的原创性不足、质量降低，给用户带来不好的观感。新媒体运营人员要了解企业自身的传播渠道和运营模式，积极收集并合理利用网络中的资源（如各种素材、优质合作对象等），对资源进行充分整合后科学地选择最有利于企业的运营方式，最终实现企业品牌形象的树立与产品销量的提升。

（四）策划能力

新媒体运营人员需要具备良好的策划能力，策划能力包括对运营内容和方式的定位、对运营渠道的确定、对目标用户人群的分析等，这是开展运营活动的前提。在不断变化的互联网环境中，新媒体运营人员要不断实践，提高自己的策划能力，保证顺利完成运营计划。

（五）写作能力

写作能力也是新媒体运营人员不可或缺的一项能力。内容是运营的关键，没有良好的写作能力，运营人员就写不出能够吸引和打动用户的内容。

二、新媒体运营的常见思维

新媒体迅速发展起来之后，个人和企业都开始争夺市场。要想在激烈的竞争中获得竞争优势，新媒体运营人员必须创新运营的方法和思维。新媒体运营人员需要不断调整自身的想法来适应运营环境的变化，以便找到合适的运营渠道,从而打开市场。在目前的新媒体环境中,经常使用的运营思维有用户思维、品质思维、品牌思维和平台思维。

(一)用户思维

在新媒体运营的常见思维中,用户思维是关键,运营人员必须始终把用户需求当作工作的方向,运营人员在开发产品或提供服务的过程中需要考虑用户需求。

1.挖掘用户需求

用户思维强调所有的环节都必须考虑用户,把用户需求当作核心,在理解并挖掘用户需求之后帮助用户解决问题。理解和挖掘用户需求需要关注三个因素——用户的市场定位、品牌或产品发展规划、用户体验。对这三个因素进行分析可以明确目标用户,精准定位目标用户的需求,然后有针对性地设计产品。

运营人员可以通过用户分析挖掘用户需求。用户分析是指对用户心理信息和特征等方面的分析,重点挖掘用户已经存在但还没有被满足的需求,或者了解用户有哪些急需解决的问题。与此同时,企业可以通过提供精准服务满足用户需求,让用户有更强的参与感,提高用户对品牌的忠诚度。如果用户对品牌非常忠诚,就会对品牌投入感情,品牌也会获得更多用户的支持。

2.运用用户思维开展运营

用户思维体现了运营的人性化特点,运用用户思维可以找到用户心理的共同点、打造产品卖点或直击用户痛点。

用户心理的共同点是指所有用户呈现出来的共同特征。运营人员可以根据用户心理的共同点推广产品,将用户汇聚在一起。打造产品卖点是指通过突出产品的不同特征形成产品卖点,树立品牌口碑。例如,小米公司在前几年针对专业用户设置的产品卖点是"为发烧而生",后来针对普通用户设置的产品卖点是"黑科技"。直击用户痛点是指向用户强调不同设计之间的区别，让用户青睐设计水准更高的产品，从而让他们感觉自己需要购买这些产品。

（二）品质思维

无论运营环境如何变化，品质永远都是产品的主要价值。尤其是在互联网环境下，产品运营更加注重产品质量、产品服务和用户体验。只有产品超过了用户的预期，用户才能对企业、品牌忠诚，企业才能始终保持自己在市场中的竞争力。在互联网环境下，很多产品在市场中供大于求，也就是说市场其实是相对饱和的，如果企业不能提升产品质量，就很难抢占市场份额。在互联网时代，竞争包括用户认知竞争、品牌认知竞争、粉丝竞争等。用户对品牌的了解程度会对用户的消费行为产生直接影响，如果企业的产品不能获得用户的认可，品牌就很难向外传播。因此，企业需要注重产品价值的提升，让产品具有更深刻的内涵。在互联网环境下，用户更加注重服务的个性化，这也从侧面说明用户需求越来越难被满足。企业只有精准地掌握用户需求，才能为其提供个性化的服务，才能促进品牌传播。新媒体时代有一个特点：用户在认可产品之后会自发地在网上宣传其品牌。因此，企业除了要注重产品质量，也要注重服务质量。如果企业发现产品质量已经难以超越市场中的其他竞争者，就更应该注重服务质量。

（三）品牌思维

品牌代表了企业价值，用户对一家企业的产品、价值、服务的认知都凝结在品牌中。通过分析市场中不同企业之间的竞争，可以发现它们竞争的本质都是品牌竞争。一家企业要想保持自身的竞争力，就必须让自身的品牌有更大的知名度，让消费者对该品牌建立更强的信任。同时，开展营销活动也需要依托强大的品牌影响力。

1.打造品牌概念

一家企业的品牌形象直接影响用户对该品牌的认知和评价。一般情况下，用户更喜欢选择有较高知名度的品牌或选择受大部分用户认可的品牌。也就是说，如果品牌有较大的影响力，用户就会信赖该品牌、忠诚于该品牌。品牌形象应该是鲜明、独立、有独特价值的，只有这样用户才能其被吸引，进而认可该品牌。企业必须明确品牌定位，品牌定位要与市场需求相吻合。具体来讲，企业可以从以下两个方面打造品牌概念。

（1）产品分析。产品分析主要以产品质量为核心，只有产品质量好，品牌才能持续发挥影响力。在打造品牌概念的过程中可以突出产品的特点、功能、服务等。

（2）策略分析。策略是指打造品牌的差异性，通过细分市场满足用户的个性化需求，从而获得独特的品牌优势。

2.品牌宣传

要想提升品牌知名度，就要做大量的宣传。在互联网环境下，既可以通过传统媒体也可以通过新媒体平台宣传品牌。

（1）传统媒体宣传。传统媒体主要是指报纸、杂志、广播、电视等。传统媒体虽然不具备新媒体的某些优势，但如果将传统媒体宣传和新媒体宣传结合起来，那么仍然可以扩大宣传覆盖面。

（2）新媒体平台宣传。新媒体平台宣传是当前主流的宣传方式之一，除了宣传速度快、用户多，其宣传费用也比较低。因此，这种宣传方式受到很多企业或品牌的关注和青睐，微博、微信等新媒体平台已经成为非常重要的品牌宣传阵地。

无论采用哪种宣传方式，要想获得良好的宣传效果，都必须注重创意的真实性、个性化和创新度。

（四）平台思维

新媒体运营平台基本都是具有社会化特点的平台，用户可以在平台中自主创作内容，也可以参与内容讨论。企业在运营时需要借助平台与用户展开沟通，从而实现品牌推广。平台思维是运营思维中十分重要的一种思维，企业可以运用它改善自身与用户的关系，调整运作模式，改变销售策略。

1. 使用新媒体平台

在互联网时代，人人都可以成为自媒体，人人都可以借助新媒体平台发表自己对产品的看法，企业可以根据获得的意见或反馈开展品牌运营、产品运营活动，并从中获得收益。通过新媒体平台，产品和用户可以建立连接，产品可以获得有效的推广。例如，非常著名的餐饮企业海底捞的服务宗旨是顾客至上，它因为出色的服务而获得了用户的认可，用户会自发地通过微博、微信、小红书等新媒体平台分享自己在海底捞用餐时的美好体验。用户的大量推广、评价使更多的人关注海底捞，海底捞充分借助用户口碑进行品牌推广，进而建立了它在餐饮界的地位。

2. 众包协作

众包协作是在互联网环境下产生的一种运营模式。它认为社会群体是存在差异的，社会的发展是多元的；它强调可以通过这样的差异性和多元化开展创新；它注重吸引更多的人才共同合作。此外，它还强调产品的生产要以用户的需求为导向，不能只遵从生产商的想法。在创新产品的过程中，企业可以通过众包协作借用社会资源，提升企业的研发实力，让用户积极地参与运营过程，从而让运营方案、产品更符合市场的需求。众包协作运用了蜂群思维，利用了层级架构，市场上使用这种模式进行营销的代表公司是小米，其手机营销就运用了众包协作模式。

三、新媒体运营工作流程的阶段划分

新媒体运营工作具有较强的系统性，一般可以根据工作职能将工作流程划分为不同的阶段。具体来讲，其工作流程可以被划分为战略思考阶段、数据分析阶段、内容生产阶段、活动策划阶段、活动运营阶段等。

四、新媒体运营的主要内容

内容运营、用户运营、活动运营是新媒体运营的三个主要方面。

（一）内容运营

在新媒体环境下，流量成本越来越昂贵，内容作为一种能吸引用户的免费信息，必然会越来越受到重视。作为运营人员，首先要考虑内容运营策略，做好内容定位和运营计划，这样才能提高内容被发现与被浏览的概率。内容运营策略主要包括内容审核、内容价值判断、内容包装、专题合集内容策划四个方面。

1. 内容审核

新媒体运营平台众多，每个平台的规则和要求都不完全相同，所以同一个内容可能无法在所有平台发布，此时内容审核就变得相当重要。

2. 内容价值判断

内容审核只是对内容是否违规、是否合理做一个粗略的判断，不能对内容质量是否足够高、内容是否对用户有价值、内容是否具有足够的爆发力和传播力等进行判断。运营人员要从内容与产品的特性和用户的喜好等方面判断内容，保证所选内容不仅值得用户阅读，而且具有刺激用户自主传播的潜力。

3. 内容包装

运营人员要对用户比较关注的标题、配图、摘要等信息进行适当的包装，结合用户需求和产品，打造让用户感兴趣的内容。以微信公众号为例，在创作内容时，运营人员先通过文章标题吸引用户点击，再通过文章内容完成转化，最后通过互动维护粉丝。

4. 专题合集内容策划

将用户关注的内容以话题的形式集中展示出来，可以加深用户对内容的印象并吸引用户参与讨论、发表不同的观点。例如，对于微信公众号中的多图文信息，可以采用专题合集的方式进行策划，通过首篇文章介绍该专题的话题，再通过其他文章依次介绍不同的话题，从而吸引需求不同的用户点击查看；也可以在同一个页面中制作专题内容，将所有主题都呈现在专题页面中，以便集中展示内容并营造一定的氛围。

（二）用户运营

开展用户运营要以用户为中心，在用户需求的基础上制定贴近用户、吸引用户、激活用户的运营战略与运营目标。用户运营的核心目标有三个：一是拉新，即吸引新用户；二是留存，即留住老用户；三是促活，即提高用户活跃度，如图 1-1 所示。

图 1-1　用户运营的核心目标

要想完成用户运营的目标，可以从以下五个方面开展工作。

（1）做好用户需求分析与调研，找到用户的兴趣点。

（2）以成本可以接受为前提开展运营活动，让用户使用自己的产品。

（3）通过一系列活动让用户变成忠实用户，持续使用自己的产品。

（4）与用户保持密切的互动，提升用户的活跃度，使用户成为产品和品牌的传播者，提升产品价值。

（5）维护沉默用户，如收集反馈或通过其他方式合作等。

在用户运营的过程中还要对用户进行细分，明确不同用户所处的等级，这有助于更有针对性地制定用户运营策略，对不同等级的用户进行差异化运营。例如，普通用户与会员、会员与忠实用户的运营策略是不同的，运营人员应该在能够提供价值的用户身上花费更多的精力。

（三）活动运营

开展活动能够加深用户对产品和品牌的了解，可以更快速地吸引用户关注产品和品牌，这是提升品牌知名度的一种有效方法。一般情况下，活动运营涉及以下四个方面。

1. 活动背景

活动背景是指开展活动的基础和缘由，即为什么要开展活动，在什么环境和条件下开展活动。

2. 活动目标

对于目标不同的活动，需要设计不同的活动内容。在策划阶段，要明确该活动的最终目标，如拉新、促销、品牌推广等。例如，拉新时可允许用户在注册时领取一张 30 元的无门槛优惠券，但只有订单金额满 100 元才可以使用。

3. 活动规则

活动规则即活动说明。要明确活动的开始和结束时间、活动的参与方式、注意事项等信息。

4. 活动结果

在活动结束后要对活动数据进行统计与分析，明确活动结果是否达到预期目标，以及是否需要对活动进行改进。

第二节　新媒体运营的定位

一、新媒体运营的用户定位

新媒体运营的本质是通过各种运营手段吸引用户，将用户转变为忠实粉丝。因此，用户定位是开展新媒体运营的前提。只有充分了解目标用户是谁、目标用户有什么特点，才能为目标用户提供他们需要的产品，获得他们的关注和认可。

接下来介绍与用户定位相关的知识。

（一）了解用户属性与行为

用户定位的首要工作就是了解用户，这主要包括两个方面：一是了解用户的属性，即哪些人是目标用户；二是了解用户的行为，即目标用户的主要特征是什么。

1. 用户属性

用户属性是指用户本身具有的性质，如性别、职业、住址、年龄、身高等。用户的收入、兴趣、爱好、习惯等都可能会影响用户的消费行为。运营人员可以对用户属性进行分析，精准定位适合自身产品的人群，然后针对这类人群制订运营计划，以便更好地刺激其进行消费。

运营人员可以分析大规模消费人群的地理位置、消费水平、消费行为、年龄、收入等属性信息，将具有类似属性的群体筛选出来，并将其与企业的产品定位、品牌定位等进行匹配，锁定与企业定位相符的用户群体。这些用户群体是企业后期开展运营的目标用户，是企业潜在的忠实用户。在这个过程中，运营人员可以采用恰当的方法来获得用户属性信息，如调查问卷、有奖问答、实地探访等。

2. 用户行为

从狭义上说，用户行为是指用户的购买行为。从广义上说，用户行为是指用户为了获得、使用或处理某事物而采取的各种行动。用户行为不是静态的，它受用户意向的影响。用户意向是指用户选择某种事物的主观倾向，表示用户愿意接受某种事物的可能性，是用户行为的一种潜在心理表现。一般来说，影响用户意向的因素主要有以下三个。

（1）环境因素。家庭环境、生活环境、职业环境等都属于环境因素，它会影响用户在某一阶段的购物行为。例如，冬季雾霾严重，防霾口罩会受到用户的欢迎；影视剧中的潮流商品会因为影视剧的热播而受到用户的喜爱。

（2）商品因素。商品因素主要指商品的价格、质量、性能、款式、服务、广告和购买便捷性等因素。用户会因为不同的商品因素改变其购物行为。例如，对于相同款式的多个商品，价格相差不大但质量更好的商品更受用户欢迎；淘宝直播、京东直播等能够让用户一边观看视频一边购买商品的方式也可以增加商品的销量。

（3）用户个人及心理因素。用户由于自身的经济能力（如购买能力、接受程度）、兴趣习惯（如颜色偏好、品牌偏好）等的不同，会产生不同的购买意向。心理、感情和实际需求也会让用户产生不同的购买意向。

通过分析以上因素可以看出，用户行为是不断变化的。要想了解用户行为，就要重视对用户信息的收集和分析，发现用户的行为规律，研究用户产生购买行为的原因。

（二）构建用户画像

用户画像主要表示用户行为、用户动机和用户喜好，它使用图形直观地展现与用户有关的数据。运营人员可以通过用户画像对用户进行准确定位。用户画像包含的是某一个用户群体的信息，而不是单个用户的信息。新媒体运营人员可以通过用户画像了解和分析某一个群体的主要特征，为其贴上标签，以便后期进行数据分类和数据统计。

在分析用户属性和用户行为之后，可以建立用户画像模型。建立模型之后还需要根据相近性原则对数据进行整体分析，将数据中的鲜明特征提炼出来，构建用户画像的框架，然后将信息按照重要性排序，并不断完善信息，这样就可以构建用户画像。

二、新媒体运营的平台定位

新媒体为企业的运营推广提供了广阔的空间。各个新媒体运营平台，如微信、微博、抖音等，都有自身的特点。运营人员在开展运营工作前应了解目前主流的新媒体运营平台的特点，只有找准目标平台，才能将运营信息更好地传达给用户，吸引用户并达到理想的运营效果。

不同平台的用户有不同的特点，新媒体运营人员在制定运营策略时要考虑各平台的用户特点，根据用户特点对内容进行精准定位，否则就可能出现内容混乱或运营效果不佳的情况。下面介绍目前市场中常见的几类新媒体运营平台。

（一）微信公众号

微信可以为用户提供通信服务，也就是说，它的本质是通信软件。微信的界面非常简洁，各项操作比较简单，互动性非常强。微信在用户中的渗透率非常高，基本实现了"人人使用微信"，而且其用户的活跃度非常高，因此，开展新媒体运营离不开微信这个大平台。

定位就是找准自身在消费者心中的位置。企业要对自身产品进行深入分析，还要了解竞争产品，然后结合消费者的需求突出自身产品的优势，让自身产品在消费者心中占据独特的位置。确定产品定位后就可以向目标消费者推广产品了。

微信公众号运营者要想让自己的公众号从众多的公众号中脱颖而出，就必须打造自己的特色。运营者要分析竞争对手，明确正式运营公众号之前必须完成的工作，知己知彼才能百战百胜。对微信公众号进行定位可以从以下四个方面展开。

1. 粉丝定位

物以类聚、人以群分，公众号能吸引到的一定是对微信公众号内容感兴趣的人。微信公众号运营者首先要了解自身产品和服务的特点，也就是找到营销卖点；其次要分析与产品或服务特点相匹配的人群的特点，然后针对这些人群推广产品或服务。

这里以订阅号"悉尼协议研究院"（微信公众号的一种）为例进行说明。该订阅号定位为大学生的成长伙伴、高等院校的合作伙伴、专业教育建设的服务平台、职业教育发展的重要推动力量。该订阅号致力于将前沿的科技知识转化为专业课程，将行业专家转化为企业师资，将企业产品转化为教学案例，将国外标准转化为国内标准，将线上转化为线下。

2. 地域定位

地域定位这个概念并没有粉丝定位那么好理解。目前，大部分微信公众号都是全国布局，很少有人把微信公众号定位于某个地域，大家似乎觉得把自己运营的微信公众号定位为地域性公众号就是画地为牢。其实不然，原因有以下两点。第一，对于没有地域限制的产品或服务，将其定位于全国是无可厚非的，但是如果一些产品或服务受到线下消费条件的显著制约，就必须将其定位于某个地域。例如，订阅号"大乐山"主要在四川省乐山市范围内提供服务，提供的是乐山的生活信息服务，粉丝主要来自乐山及周边地区，线下消费的转化也主要来自线上推广。这个订阅号就不适合向全国推广，该订阅号的用户基本都是乐山的本地人，运营者也是本地人。在这种情况下，运营者要精准把握运营内容，深入拓展运营内容。第二，地域性公众号的整体数量比较少，这类公众号对本地区的商家价值更高，它们可以和本地区的商家进行线上和线下的联合营销。

定位于某个地域的微信公众号在未来仍有一定的发展空间，如果你想通过微信创业，就可以多关注这类公众号。在微信公众号的营销手段越来越成熟的情况下，定位于某个地域的公众号也将迎来快速的发展。

3. 产品定位

微信公众号的产品定位大体上可以分为两种：第一种是将推文本身当作一种产品，尽量将好的文章呈现给订阅用户；第二种是将产品或品牌信息植入推文，其主要目的是提升产品或品牌的知名度、美誉度，从而达到提高产品销量的目的。很大一部分微信公众号都致力于推广本公司的产品或品牌，其运营者本身就有现成的产品和服务。这类微信公众号在发展起来之后可以更有效地将流量变现。

4. 功能定位

微信公众号的功能定位解决的是微信公众号到底能给用户带来什么的问题，即解决用户为什么订阅该公众号的问题。例如，某些微信公众号提供理财服务，某些微信公众号提供穿衣搭配建议等。

做好功能定位的好处如下。首先，运营者可以从较大范围的人群中筛选出有相同兴趣或爱好的人群，订阅该公众号的用户都是因为其功能才关注它的，如果公众号能够满足他们的需求，就更容易获得用户的认可，也就能实现更大的商业价值。其次，用户覆盖范围非常大。例如，关注养生类微信公众号的人可能是老年人，也可能是中年人，还有可能是年轻人，既有可能是男性也有可能是女性，覆盖范围非常广。

（二）微博

微博是以关注机制、分享机制为基础建立起来的社交网络平台，用户数量庞大。微博强调信息的时效性，用户可以通过微博平台自由表达自己的想法。若用户关注了某位微博博主，就成了该微博博主的粉丝，微博博主发布的每一条信息都能被粉丝看到。如果微博博主拥有数量庞大的粉丝群，其发布的信息就可以在短时间内传达到众多用户，甚至产生病毒式传播的效果。因此，不论企业还是个人，都可将微博作为主要的运营平台之一。

微博具有准入门槛低、随时发布信息、信息快速传播、可实时搜索等特点，因此吸引了大量的用户。同时，微博内容的公共性和话题性也为运营提供了良好的环境。

1. 个人微博

运营个人微博要注意以下三个方面。

（1）选择感兴趣或擅长的领域。运营个人微博最好选择自己感兴趣或擅长的领域，以自己的兴趣和特长为中心。例如，如果你喜爱化妆且热爱分享，就可以进入美妆领域；如果你喜欢研究电子产品，就可以进入电子产品评测领域。

（2）确定运营目的。一般来说，运营个人微博主要是为了宣传个人品牌，树立个人独特形象。在拥有较多的粉丝之后，个人微博可以与企业微博联合运营，为企业宣传、产品推广等助力。

（3）彰显个性。个人微博一定要有个性，这种个性是微博运营人员自身个性的一种体现。运营人员要通过个人魅力吸引用户。

2. 企业微博

运营企业微博要注意以下三个方面。

（1）内容类型。运营人员应该在分析目标用户需求的基础上确定微博内容类型，如品牌推广类、互动类、业务类等。

（2）运营方式。运营人员要确定如何运营微博，到底是以推广、活动为主，还是以内容输出为主。

（3）运营目标。运营人员要确定运营所要达到的目标，如用户数量、转化率、用户参与量、产品销量等。

（三）社群

社群是指因共同的兴趣、爱好聚集在一起的人群，社群主要有以下四种类型。

1. 产品型社群

社群可以成为用户与产品之间的纽带。越是优秀的产品，越能吸引用户的关注，用户会因产品而聚集在一起并形成社群，如小米手机的产品社群等。在这种社群中，成员的活跃度极高，很可能会积极地购买产品。

2. 兴趣型社群

兴趣可以扩大人际交往范围，因兴趣而组建的社群可以吸引有共同爱好的用户。这种社群更注重相互学习、相互探讨，如旅游类社群、运动健身类社群等。

3. 品牌型社群

用户对产品的高度认可会转变成对品牌的忠诚度，因此品牌型社群可看作产品型社群的延伸。品牌型社群建立在用户认可品牌价值观的基础上，建立的门槛较高。

4. 知识型社群

知识型社群更注重知识的获取与技能的提升，这种社群要为用户提供能够解决问题的知识或技能，如读书社群等。

（四）音频、视频和直播平台

音频、视频和直播平台是目前十分流行的新媒体运营平台。

1. 音频平台

音频这种注重听觉感受的内容表现方式很好地满足了用户利用碎片时间获取信息的需求。喜马拉雅、荔枝、猫耳 FM、豆瓣 FM 等是目前较为常见的音频平台。

将音频平台作为核心运营平台的用户主要包括电台主播、自媒体从业者等，他们主要产出细分领域的专业内容、基于兴趣的用户原创内容（User Generated Content，UGC）等。在音频平台上开展运营需要投入一定的资金。例如，投放广告、建立音频自媒体等都需要资金，同时还要积累一定的流量。

2. 视频平台

视频平台根据视频的长短可以分为长视频平台和短视频平台。

（1）长视频平台。土豆视频、爱奇艺、腾讯视频、优酷视频、搜狐视频、哔哩哔哩（B站）等都是比较常见的长视频平台。长视频平台大多具有互动功能，运营人员可通过弹幕、评论等形式与用户互动，快速获取用户的反馈与意见，及时改善与调整运营计划。

（2）短视频平台。当下大家使用较多的短视频平台有抖音、快手、秒拍等，不同的短视频平台在特点和功能上有相似之处。短视频平台与长视频平台不同，其操作更简单，用户可以随时拍摄、上传视频，而且视频的时间较短，一般不超过1分钟。

与其他平台相比，视频平台可以向用户更加直观地传达产品或品牌信息，其特点主要有以下四个。

（1）传播精准。视频是一种传播非常精准的内容表现方式。只有对产品或品牌感兴趣的用户，才会持续关注相关视频，甚至由关注者转变为传播分享者，将视频分享给与自己有相同兴趣的用户。

（2）传播方式灵活。视频的传播速度比较快，很多视频发布后在短时间内就可以得到大量传播。企业可以根据需要在指定时间段将视频推送给用户观看，用户可以主动去相关网站寻找自己感兴趣的视频。

（3）投放效果可预测。视频投放效果通常可以根据相关数据进行分析和预测，如视频点击数、收藏数等，这些数据使用户群体清晰易辨。根据相关数据，运营人员不仅可以预测视频投放效果，还可以制定更有效的运营决策。

（4）视觉效果好。视觉效果好是视频最明显和最突出的优势。富有冲击力的画面能够缩短用户对产品产生信任的过程，加快用户的购买决策过程。视频以图、文、声、像的形式传递多层次的信息，比其他单纯的文字或图片广告更能吸引用户。

3. 直播平台

与视频相比，直播更加直观，可以更好地实现与用户之间的互动。直播的主要特点如下。

（1）运营成本低。直播设备相对简单，直播场景可由企业或个人自主构建。很多网店运营人员可以仅靠一部手机就完成一场直播。

（2）全方位覆盖用户认知。直播运营可以直接将产品的形态、使用过程等展现给观众，达到全方位覆盖用户认知的效果。

（3）销售效果好。借助主播的解说，观众可以了解更多的产品信息。通过直播的方式进行产品促销，观众的热情更容易被激发，容易产生更多的消费行为。

（4）反馈有效。直播的互动性非常强，主播可以一边解说，一边接收弹幕或评论中的观众反馈。有的反馈是针对产品的，有的反馈是针对主播的，主播可以根据反馈不断调整直播的内容和节奏等。

（五）社区论坛

社区论坛的主要优势是活跃用户数量多，在其中开展运营既可以引流，又可以聚集人气。社区论坛是进行产品或品牌推广的好选择。百度贴吧、豆瓣等是较为常见的社区论坛。百度贴吧背靠百度，拥有庞大的用户，运营价值较高，适合进行产品引流与推广。豆瓣以提供图书、电影、音乐的推荐、评论和对比信息及各个城市的文化活动信息为主，其内容的可信度较高，更适合进行品牌口碑打造。

（六）问答平台

问答平台有很多，如百度知道、搜狗问问、知乎、在行等。问答平台的运营效果主要取决于回答的质量，回答质量越高，就能获得越多的粉丝，搜索引擎也会将这类内容更多地呈现给用户。问答平台注重知识和经验的分享与传播，可以帮助个人和企业获得良好的口碑。问答平台的特点如下。

（1）互动性强。问答平台采用双向互动形式，用户既可以在问答平台上提出问题，又可以通过回答问题与其他人分享知识、经验和见解，还可以关注其他与自己兴趣一致的人。通过问题的解答、知识的生产和分享，问答平台构建了一个具有较高价值的社交关系网。企业可以在问答平台上与用户交流，取得用户的信任，从而为自身品牌打造良好口碑。

（2）针对性强。问答平台既可以面向具体的目标群体，通过选择群体关注的重点问题调动群体的积极性；也可以专门针对某一个话题邀请更多的人进行讨论，从而实现人群融合。用户可以在问答平台上提出自己想要解决的问题，该问题的答案也可以为其他有类似问题的人群提供启发。企业不仅可以通过回答问题来分享经验与知识，还可以在其专属问题页面中推广业务，借助专属广告位增加自身的曝光率，找到潜在的消费群体，并完成转化。

（七）写作平台

写作平台是一种优质的信息生产平台，用户可以通过写作平台输出个人观点，从而增强个人影响力。当前主流的写作平台主要包括简书、今日头条、大鱼号、腾讯内容开放平台、搜狐号、百家号等。总的来说，写作平台主要有以下三个特点。

（1）流量大。当前几大主流写作平台都背靠实力雄厚的大企业，如百度旗下的百家号、阿里巴巴旗下的大鱼号、腾讯旗下的腾讯内容开放平台，这些平台天生就具备流量优势。此外，写作平台还会大力进行推广及引流，只要内容质量较高，一般就有较高的阅读量。

（2）版权保护力度较大。网络平台中的抄袭现象仍较常见，这非常不利于保护文章的著作权及建立个人和企业的品牌。当前主流的写作平台如今日头条、腾讯内容开放平台等都开通了原创计划，有效地保护了原创者的权益。

（3）曝光度高。例如，百家号是百度搜索引擎重要的收录源，因此百家号的作者可以获得较高的曝光度。简书与大量的出版社合作，质量高的内容可能会获得出版社的青睐；简书还推出了签约作者，可为更多的优质作者打造个人品牌。

三、新媒体运营的内容定位

新媒体运营十分强调内容运营，企业通过提供目标用户感兴趣的内容，与用户建立良好的关系，从而达到推广产品、树立品牌形象等目的。

内容的质量、表现形式、传播方式都会影响新媒体运营的最终效果。新媒体运营人员必须了解不同媒体的主要特征，只有这样才能精准地进行内容定位，制作出符合用户需求、对用户有帮助的内容，才能让用户更加信赖品牌、忠诚于品牌。下面介绍新媒体内容的表现形式、内容定位的原则和内容定位的过程。

（一）内容的表现形式

新媒体内容的表现形式非常丰富，有文字、图片、音频、视频等，这些形式的表现力与特点都不相同，因此可以充分满足运营人员的不同需求。

1. 文字

文字的特点是直观、精准，可以将要表达的核心内容准确地表达出来。用户阅读文字可以获得对内容的精准理解，不容易出现理解错误的现象。撰写文字时可以使用的写作方法非常多，使用不同的写作方法产生的效果也不同。标题、短微博、长文章等通常采用纯文字。

如果所要表达的内容比较长，要使用的文字就比较多，这时一定要注意文字描述的准确性和简洁性，一个段落的字数不宜过多。大段的文字很容易导致用户产生阅读疲劳，因此，除了专业性较强或需要提供较多说明的内容，一般不建议使用大段的文字。

2. 图片

与文字相比，图片能够产生更强的视觉冲击，也能够更好地激发受众的想象。新媒体运营人员可以将图片作为信息展示的主要方式，也可以综合运用文字和图片。综合运用文字和图片可以让主题更加鲜明，也能让用户拥有更好的阅读体验。不过，文字的比例及图片的大小要适宜，要确保用户查看图片时文字显示清晰且不遮挡图片。

3. 音频

与文字或图片相比，音频的亲和力更强，主播可以通过音频快速拉近与用户的距离，用户在感到放松的时候更容易与之进行互动。不过，在录制音频时，外界的干扰可能使音频信息不完整，从而导致用户错失重要的内容。因此，以音频为主要形式进行新媒体运营时，要保证录音环境没有噪声，主播吐字清晰、语速适当、用语简明，以便用户理解和接收信息。

4. 视频

视频是现在新媒体普遍使用的一种内容表现形式，其优势是生动形象，能够更快地吸引受众，快速让受众对视频内容建立信任感。运营人员可以直接拍摄视频，并对视频进行编辑，但要保证视频内容的真实性，不能为了运营效果而拼接虚假视频片段。

实力雄厚的大企业可以委托专业的视频制作公司制作视频，以体现其专业性并保证内容的质量。例如，小米与爱否科技（电子产品领域的优秀自媒体，凭借娱乐化的评测风格深受用户喜爱）联合推出的短视频《米家什么值得买》以小米全线产品评测为主线，通过特色鲜明、创意十足的方式将评测内容与热门动画、经典漫画人物关联起来，在吸引用户观看的同时让用户折服于内容的专业性。

个人同样可以通过视频平台发布具有个人特色和风格的视频，树立个人品牌。短视频自媒体成功运营的案例有很多，感兴趣的读者可以查阅相关资料进行了解。

（二）内容定位的原则

进行内容定位的目的是帮助新媒体运营人员确定内容运营的方向。内容定位的主要原则如下。

1. 内容风格要统一

内容要与企业产品或品牌的定位相符合，要保持内容风格和用语等的统一性，提高内容的专业性，提升用户体验。

2. 内容输出频率要高

内容输出频率的背后是内容的持续生产能力，运营人员要思考从构思内容到产出成品需要花费多少时间、精力和成本等，能否以某一个频率持续输出内容给用户。特别是在刚开始做新媒体运营时，保持一定的内容输出频率非常重要。如果你推出内容的时间比竞争对手更长，内容更新频率更低，就不具备竞争优势。当你已经有了稳定的用户群体并能保证稳定的自传播时，就可以慢慢降低内容输出频率。

3. 内容要紧贴用户需求

运营人员要从用户需求中挖掘用户痛点，据此制作内容，以打动用户。例如，某品牌通过分析目标用户需求，发现用户对某款键盘的需求较大，运营人员根据该需求修改文案，制作了既美观又突出该需求的海报来宣传产品的新卖点。最终，该海报获得了广大用户的喜爱，该产品销量在短期内暴增。

4. 内容要符合运营目的

运营目的不同，内容的创作重点与呈现效果也应该有所不同。例如，如果以获得广告分成为目的，就要注重内容阅读量，运营人员可结合热点话题确定内容创作方向；如果以个人品牌建设为目的，就要注重内容质量与专业性，以便打造口碑；如果以销售产品为目的，就要注重引流和转化，运营人员要选择能够直接引导用户进入产品链接页面的运营平台，并在内容中突出目标用户的痛点或目标用户可以获得的好处。

5. 内容要贴合运营人员的能力

内容与运营人员的能力密切相关，如果运营人员没有内容策划、写作和整合能力，即使有好的创意，也无法将其呈现出来。运营人员要明确自身优势，如资源优势、写作能力等，利用自己的优势做好内容定位，创作出更好的内容。

（三）内容定位的过程

内容定位的过程主要包括圈定目标人群、找到合适的运营方式、寻找合适的媒介、策划和包装内容、打造内容亮点、设计便捷的转化入口、追踪和反馈效果七个阶段，下面分别进行介绍。

1. 圈定目标人群

圈定目标人群是指圈定具有价值的重点用户群体。一款产品的目标用户范围通常比较广，例如，面向婴幼儿的无刺激产品可能会受到很多女性用户的青睐。而在这个范围较大的用户群体中，并不是每一位用户都能为企业创造价值，用户对产品的接受程度、了解程度都会影响产品的最终销售情况。企业不可能在每一位潜在用户身上都投入成本，因此需要圈定核心目标用户，尽可能降低投入的成本，分析核心目标用户的消费方式、消费习惯和消费心理，挖掘核心目标用户的痛点，针对核心目标用户制定运营策略，提高运营工作的精准度。

2. 找到合适的运营方式

不同的产品或品牌、不同的运营目的、不同的运营平台通常对应于不同的运营方式。例如，很多知识型自媒体喜欢通过出书、发布热门文章的方式进行推广；一些名人喜欢通过演讲、直播的方式进行宣传；很多知名博主喜欢通过发布视频的方式建立个人品牌。

3. 寻找合适的媒介

好内容必须依靠好媒介进行推广和传播，以触达更多的用户，只有这样才能真正通过运营创造价值。不同新媒体平台的优势各有不同，运营人员可以根据自己的需要进行选择。此外，企业还可以借助有影响力的人传播内容，如自由撰稿人、合作伙伴、意见领袖、高人气达人、忠实粉丝等。

4. 策划和包装内容

对运营人员来说，策划和包装非常重要，运营人员必须选择合适的时间和地点，这样才能使好的内容在更大的范围得到传播。适当的策划和包装可以让好的内容得到足够高的曝光度。

5. 打造内容亮点

内容运营最重要的一点是新颖，运营人员要把打造内容亮点作为运营工作的重点。打造内容亮点主要涉及四个因素——关键词、价值、品牌和用户。

（1）关键词。用户在搜索时只有使用正确的关键词才能找到相应的内容，所以关键词至关重要。此外，判断内容是否受欢迎，也可以看读者阅读完内容能否记住相应的关键词。

（2）价值。价值涉及很多方面，如内容价值、产品价值、品牌价值等。现在各种产品的同质化现象非常严重，不仅包括产品本身的同质化，还包括价格、销售渠道等方面的同质化，这导致用户很难区分不同的产品。因此，运营人员要通过内容将核心价值凸显出来，让自己的产品或品牌脱颖而出。

（3）品牌。新媒体运营越来越注重品牌化，品牌可以让用户从众多产品中快速识别出自己需要的产品。而且，一旦形成品牌，用户对品牌也会更加忠诚，更容易接受品牌推出的新产品。也就是说，形成品牌之后，后续的一系列产品都更容易受到大众的关注。因此，运营人员要注重品牌宣传，形成品牌意识，不断打造具有个性且特征鲜明的品牌。

（4）用户。运营的核心是用户，有了用户，内容才能传播出去。要想获得用户，就必须了解用户，发现用户的特征，有针对性地为用户提供信息。也就是说，新媒体运营要从用户的角度出发进行内容策划。

6. 设计便捷的转化入口

不管是文字、图片、音频还是视频，在推出任何优质内容时都要有一个方便用户做出下一步行动的入口，如快速关注、直接购买、了解更多、收藏和转发等，让用户可以通过简单便捷的入口进行关注、购买和收藏等。一般来说，用户刚接收信息时是转化的最佳时刻，时间间隔越长，入口操作越复杂，实现转化的可能性就越低。

内容发布渠道很多，每个渠道都有不同的入口和功能，因此运营人员要选择合适的渠道发布内容，也可以自行制作可促进转化的二维码或链接。

7. 追踪和反馈效果

一般来说，衡量内容的传播效果时可以参考内容制作效率、内容传播广度、内容传播次数、内容转化率等指标。运营人员可以根据各项指标的实际数值对内容的传播效果进行评价和判断，再对表现不佳的指标进行优化和改善，从而获得更好的效果。

第三节　新媒体运营的用户思维

通过分析传统媒体和新媒体的不同，我们可以发现：它们的本质区别在于用户，传统媒体更关注内容质量，而新媒体更关注用户需求。因此，新媒体运营必须注重用户思维。

一、用户思维的内涵

所谓用户思维，就是把用户的体验和想法当作重点，致力于让用户通过产品或服务展现个人价值，强调消费者和生产者之间应该进行角色互换。也就是说，生产者应该从用户也就是消费者的角度出发，评价自己的产品设计，根据用户需求设计针对性强的产品，然后通过用户喜欢的方式进行产品营销。现在，在很多平台上都可以看到用户对产品的评价，这些评价反映了产品或服务的口碑。如果用户获得了良好的产品或服务体验，就自然会做出正面评价，对品牌形象产生正面影响。用户思维是新媒体运营的重中之重，运营人员要找到用户的兴趣点，激发用户的兴趣，让用户在使用产品或接受服务的过程中获得好的体验，牢牢抓住用户。

二、抓住用户痛点

用户思维的关键在于抓住用户痛点。也就是说，新媒体运营人员要对用户有充分的了解，要让产品或服务刺激用户的情感，让用户从产品或服务体验中获得价值，使用户成为产品或品牌的粉丝。在此基础上，品牌与用户就能顺利地进行沟通互动，建立信任关系。新媒体运营并不能直接满足用户的物质需求，其作用是通过激发用户对新事物的求知欲和探索欲满足用户的精神需求。只有深入了解用户痛点，抓住用户的痛点，让用户对产品产生兴趣，才能让用户通过产品获得益处，进而取得良好的运营效果。

三、增强用户黏性

用户黏性是指用户对品牌的信任程度、忠诚程度和依赖程度。有的学者认为用户黏性是指一个品牌留住用户的能力。用户黏性可以体现用户与企业之间关系的紧密程度。

目前，企业主要通过两个方面来衡量用户黏性：一是用户使用产品的频率及用户的互动情况，例如，用户是否经常使用某软件，用户是否经常打开某公众号阅读文章、进行评论等；二是稳定性，产品稳定性高，用户就会长期使用它，不会转移到其他产品上去。对用户黏性有决定性影响的因素是用户的真实需求，用户的真实需求越强烈，增强用户黏性就越容易。例如，外卖 App 为不提供餐食的企业的办公人员提供了方便，满足了他们的用餐需求，这对上班族非常重要。但是，如果外卖 App 的服务质量低，提供的餐食不可口、卫生不达标或配送不及时等，用户的需求就无法得到满足，用户黏性也就不会很强。因此，如果产品能够解决用户的问题，它就是用户需要的产品，它的价值也会随之上升。但是，如今的市场竞争十分激烈，市场中有很多有价值的产品，这导致即便产品有价值，也并不一定能获得用户的认可和喜爱。当市场中的替代产品很多时，需要注意两个因素——转换成本和可替代性。转换成本是指用户放弃使用该产品后可能面临的后果。如果用户不继续使用某产品，那么用户之前在该产品上投入的时间、金钱、情感就会消失。假如某产品的转换成本相对较低，那么用户对该产品的黏性就很难得到增强，当用户找到替代产品后，就会放弃该产品。从这个角度来看，企业必须提升用户的转换成本，降低产品的可替代性，这样才能增强用户黏性。当用户养成固定的消费习惯后，他们的生活就会受到该习惯的影响，就更容易与相关平台或品牌建立紧密的关系。

与此同时，新媒体运营人员还可以从感性方面增强用户黏性。例如，新媒体运营人员可以通过渲染情怀的内容与用户建立亲密关系，让用户对产品付出更多的情感，让产品具有更高的社会价值，这对增强用户黏性很有帮助。

四、引导用户参与社交媒体

维基百科对社交媒体的解释是"能够让人们交流思想、分享经验、开展活动的网络社区"。社交媒体和普通的大众媒体有很大的区别，用户在社交媒体上拥有更多的选择权，可以进行内容编辑，并根据自身需要自由组成社群。社交媒体呈现内容的方式是多种多样的，如文本、图像、音频、视频等。

社交媒体与传统媒体最大的区别是：在社交媒体中用户是信息的来源，由用户创造内容。社交媒体为用户提供信息展示平台，并制定相关规则，提供各种功能，维护网络秩序。用户可以加入社交媒体，分享内容，交流经验，进行创作。我国社交媒体平台中规模最大的是微博和微信，它们为用户提供了丰富的内容，获得了众多用户的喜爱。

如今，社交媒体不仅为销售产品和服务提供了新渠道，而且是很多人交流和沟通的工具。社交媒体让用户自由地分享自己的观点和经验，这可以让用户获得满足感，同时社交媒体平台也能从中获利，一举两得。例如，很多人访问视频网站并不是为了观看视频，而是为了观看评论和弹幕，观看网络直播也是如此。新浪之前只是生产专业内容的平台，在微博出现以后，其业务重心逐渐转向社交媒体，其目的就是吸引更多的用户。用户除了参与讨论，还可以分享内容，这是社交媒体的一个重要功能，分享大大提高了社交媒的受关注度和热度，也吸引了大量的用户。有一些学者甚至认为社交媒体最重要的功能就是分享。如果内容得到用户的分享，就代表该内容是受到用户喜爱和认可的，相关产品自然会有好的口碑。

新时代的用户有更多的产品和服务需求，用户除了关注产品和服务本身的功能，还注重艺术性、制造工艺和材料等方面。用户思维最重要的体现就是用户参与，用户参与可以增强用户的存在感和归属感。企业与用户进行积极的沟通、真诚的交流，与用户融为一体，这才是真正的用户参与。企业要与用户建立紧密的联系，让用户真心认可和喜爱其产品与服务。用户的需求推动了创新，促进了企业进步，促使企业不断提高产品和服务质量，企业将高质量的产品和服务提供给用户，进而形成企业和用户的良性互动。

第二章

新媒体运营的多元化途径

2

第一节 社交类新媒体运营

一、微信公众号运营

微信从原先的即时通信工具演变为现在的综合型平台，它已经深入人们生活的方方面面。无论个人还是企业都可以打造自己的微信公众号，并与微信公众号的粉丝进行全方位的沟通和互动。

（一）微信公众号的基本操作

1. 公众号的类型

要想在微信中注册公众号，就要先了解公众号的类型。微信公众号有以下三种类型。

（1）服务号。它可以提供交互式服务，可以帮助企业和其他组织更好地管理用户。一般情况下，银行等组织会使用服务号。

（2）订阅号。它向用户提供信息，其功能和杂志或报纸基本是一样的。

（3）企业号。企业号已经升级为企业微信，企业微信除了具有之前企业号的功能，还添加了新的功能。例如，用户扫码并且关注企业微信后，可以通过企业微信接收企业发送的相关通知，这有助于企业与用户进行更好的沟通。

运营者在注册公众号之前要想清楚该公众号的主要功能是什么。微信公众号的主要功能如下。

（1）运营自媒体。例如，如果你对篮球感兴趣，那么你可以专门开设一个公众号介绍与篮球有关的事情；如果你喜欢购物，那么你可以专门开设一个公众号分享自己喜欢的商品。运营自媒体最重要的一点是要选择自己擅长或感兴趣的领域。

（2）销售产品。开设公众号还可以吸引粉丝、销售产品。

（3）宣传品牌。将公众号当作一个品牌宣传窗口，通过发送推文提升品牌的知名度和美誉度。

（4）维护新客户和老客户。微信公众号成为营销的主战场，所有品牌营销的触点最终落地于微信公众号。银行、餐饮企业、美容机构等运营微信公众号时多采用该思路。

2.公众号注册

微信公众号的注册比较简单，用户进入微信公众平台的官方网站后可以看到相关说明。

一般情况下，个人及媒体适合使用订阅号，企业和其他组织适合使用服务号；企业和其他组织如果想要向用户提供服务和内容，也可以使用小程序；企业如果想更好地进行内部沟通，可以使用企业微信。

无论选择订阅号还是服务号，都需要准备好公众号的名称和公众号的功能介绍。公众号的名称一定要跟运营定位相符，要简单、直接，能让用户在搜索公众号时有关键字可供搜索。另外，公众号的功能介绍也非常重要，它是决定用户搜索到公众号后是否会关注公众号的关键信息。注册公众号需要的资料如表2-1所示。

表2-1　注册公众号需要的资料

个体户类型	企业类型	政府类型	媒体类型	其他组织类型
个体户名称	企业名称	政府机构名称	媒体机构名称	组织机构名称
营业执照注册号／统一信用代码	营业执照注册号／统一信用代码	组织机构代码	组织机构代码／统一信用代码	组织机构代码／统一信用代码
运营者身份证姓名	运营者身份证姓名	运营者身份证姓名	运营者身份证姓名	运营者身份证姓名

（续表）

个体户类型	企业类型	政府类型	媒体类型	其他组织类型
运营者身份证号码	运营者身份证号码	运营者身份证号码	运营者身份证号码	运营者身份证号码
运营者手机号码	运营者手机号码	运营者手机号码	运营者手机号码	运营者手机号码
已绑定运营者银行卡的微信号	已绑定运营者银行卡的微信号	已绑定运营者银行卡的微信号	已绑定运营者银行卡的微信号	已绑定运营者银行卡的微信号

3.公众号运营实战

打开微信公众号管理界面，可以对相关功能进行设置。

（1）自动回复设置。自动回复设置是指自动回复相关关键词或相关内容的设置。如果运营人员有一定的开发能力，就可以自如地使用自动回复功能。自动回复功能一旦关闭，所有用户都不会收到自动回复的内容。自动回复有三种形式，分别是关键词回复、被关注回复和收到消息之后的回复。

（2）自定义菜单。在公众号页面底部有一组菜单可以由用户自主定义，运营人员可以根据需要设置菜单选项，并且为不同的选项设置相应的响应动作。用户在点击某一个菜单选项后就会获得相应的反馈，如获取信息或跳转到其他链接。

（3）投票管理。公众号举办比赛或其他活动时，可以通过投票功能收集粉丝的意见。例如，某公众号打算举办比赛，该公众号可以向粉丝提供参赛者的信息，供粉丝投票。

（4）网页模板。网页模板功能是指公众号为行业创建网页的功能，运营人员可以使用公众号中的行业模板，在模板中加入素材，然后生成网页并将其发布到网上。行业模板包括封面模板和列表模板。

（5）原创声明功能。微信公众平台会对运营人员发表的作品进行标记，原创是一种特殊的标识，运营人员在没有发布内容之前可以选择是否添加原创声明。

微信公众平台官方网站还提供数据分析功能，主要包括对用户、图文、菜单、消息、接口及网页等的分析。

刚注册公众号的用户容易碰到以下情况：用自己的微信号无法登录公众号。这是因为微信账号并不是公众号账号。管理公众号时涉及三类账号：（1）公众号账号，它是微信公众平台唯一可以使用的账号，它可以用于微信公众平台的登录，但是不能使用该账号登录手机微信；（2）管理员微信号，这是属于管理员个人的账号，不能用于微信公众平台的登录，但做完绑定后，管理员微信号的权限是最大的，可以进行所有操作；（3）运营者微信号，它属于运营者个人的账号，不能用于微信公众平台的登录。相比之下，运营者微信号的权限没有管理员微信号的大。登录微信公众平台时只能使用公众号账号名称加登录密码的方式登录，不能使用管理员微信号登录，也不能使用运营者微信号登录。

（二）公众号的第三方运营平台

虽然微信公众平台提供了较多的功能，但是用户的需求非常广泛，有一些需求没有办法得到满足，第三方运营平台应运而生。这些平台可以在一定程度上弥补微信公众平台功能的缺失，它们与微信公众平台的结合可以让用户拥有更好的体验。

目前使用人数较多的微信公众号第三方运营平台有西瓜公众号助手、新媒体管家、公众号助手、微小宝等。

（1）西瓜公众号助手。它的主要特点包括：通过公众号素材库提供了许多优质的素材；可直观地显示公众号的发文内容及数据；支持智能订阅，提供优质的文章素材。西瓜公众号助手还可以每天多时段更新最有可能"刷爆"

朋友圈的文章，以便运营人员第一时间找到最有可能成为"爆文"的素材。

（2）新媒体管家。它可以为多类账号提供管理服务，如微信公众号账号、微博账号、知乎账号、简书账号、今日头条账号等。运营人员还可以一键登录不同的账号，这在一定程度上可以节约时间。此外，运营人员不用重复扫码、重复填写信息。

（3）公众号助手。它是一款手机端的公众号运营工具。它的特色功能包括：实时对话、自动回复、思路讲解、工具剖析、案例分析、政策解读、查询公众号全国排名、互相推广、互相加粉、经验交流与共享等。

（4）微小宝。它是一个为公众号矩阵管理或单个公众号深度运营而设计的运营工具。它允许用户在不同账号之间进行切换，而且允许多个微信公众号同时登录，运营人员在一天之内可以不用进行二次扫码，它还能根据后台数据生成报表。此外，微小宝包含的排版样式有几百种，这让排版变得非常轻松，其素材也会定时更新。它还提供监控功能，可以对特定公众号发布的文章进行监控。

（三）图文编辑器

传统的图文编辑一般在 Word 里面进行，但是在各种新媒体兴起的时代，Word 早已不能满足运营人员的需求了。为了更高效地编辑出精美的图文，各种第三方图文编辑器应运而生，下面介绍几种常用的图文编辑器。

（1）135 编辑器。它操作简单、样式多，适合进行微信的图文内容排版和邮件排版等，同时还提供表单制作、提议征集和报名等功能。

（2）领库编辑器。新媒体运营者可以通过领库编辑器收集素材，浏览热点文章。该编辑器提供快速排版功能，在一定程度上提升了新媒体运营者的工作效率，降低了运营成本。完成授权操作之后，即可在领库编辑器上进行素材管理、内容同步与群发操作。

（3）小蚂蚁图文编辑器。它提供的功能主要有微信图文排版、微信公众号编辑、排版美化和内容在线编辑。

（4）秀米。运营人员可以通过秀米获得非常多的模板，借助秀米更加便利地进行各类操作。秀米的一大特色功能是布局，布局可以让用户自由地设计文章的版面。在每一个布局里，运营人员可单独对内容进行排版，不用担心发生排版错乱的情况。秀米的内容编辑是结构化的，用户可以在不同版块间进行复制、粘贴、调整位置等操作。

（四）微信公众号运营推广经验

1. 文章的选题

确定公众号文章的选题非常重要，这是撰写文章的第一步，也是非常重要的一步。确定文章的选题时可以参考近几天的热搜排行榜。传播学中有一个议程设置理论，该理论指出大众传播并不会直接决定人们对客观事件的看法，但是大众传播可以通过话题讨论方式影响人们对客观事件的关注程度，改变人们对事件内容的讨论顺序。在新媒体崛起的时代，议程设置理论依旧是实用的。

2. 文章标题

只有能引起读者阅读兴趣的标题，才能实现营销的效果。因此，文章标题至关重要。在设计文章标题时要注意以下几个问题：首先，标题应与众不同，并具有强大的吸引力；其次，标题必须明确利益诉求点，要非常直观准确地告诉粉丝此文能给他们带来哪些有价值的内容；最后，切忌标题空洞无物，标题应切合正文内容。

3. 文章内容

文章内容是评价文章是否具有价值的主要依据。对读者而言，能够引发某种思想共鸣或从中获得有用信息的文章内容就是有价值的。优质的文章内容不仅有利于提高营销效果，还可以增强用户的忠诚度。不过，图文传播始终有其局限性，为了提升用户体验，公众号文章除了要多配图片，还应该尽可能加入一些短视频。

4. 文章排版

对一篇文章而言，排版同样十分重要，它就好比一件衣服，如果与内容搭配得体，就可以给读者留下美好的印象，反之则有可能因为第一印象不佳而让读者缺乏继续阅读的兴趣。在进行图文编排时，我们要注意图片不宜过多，过多的图片会影响排版的美观度；要注重图文的对称性，对称带来的工整美可以令人愉悦。

5. 文章摘要

文章摘要是运营人员将微信文章推送给用户时用户首先看到的内容，它关系着用户是否会点开该文章继续阅读。因此，文章摘要必须是对文章重点内容进行的归纳，既要简洁明了又要有一定的悬念。

6. 文章的推送时间

文章的推送时间非常重要，要尽量选择粉丝的闲暇时间，而非繁忙时间。例如，如果粉丝群体是普通白领，那么推送文章的最佳时间应该是早上 8 点到 9 点、中午 1 点到 2 点和下午 5 点以后；如果粉丝群体是学生，那么推送文章的时间可以相对自由一些。

（五）二维码制作

二维码在新媒体运营中应用十分广泛，是一种非常便捷的推广工具。制作二维码时一般会使用二维码生成器，其操作方式非常简单，使用者输入信息后，二维码生成器就可以生成相应的二维码，用户即可保存并使用二维码。

草料二维码是目前国内最大的二维码生成网站之一，它提供文本二维码生成、文件二维码生成、照片二维码生成、微信二维码生成、名片二维码生成、记录码和产品码生成等功能。它还可以对二维码的样式、颜色进行自定义、修改、美化。下面以草料二维码为例，介绍二维码的简单制作方法。

用户打开草料二维码的网站，在对应位置输入文本，然后点击按钮即可生成二维码。当文本内容过多时，系统会提示"生成的二维码不易被扫描，请使用活码"。如需使用活码，就必须事先在草料二维码网站注册或使用微信登录，还需要绑定手机号。

草料二维码除了支持为文本生成二维码，还支持为文件、小程序、名片或会议记录生成二维码，其操作步骤与生成文本二维码的操作步骤相似。

除了直接下载已经生成的二维码，运营者还可以对已经生成的二维码进行编辑，如改变二维码的颜色和基本样式等。

二、微博运营

（一）微博的定位与品牌策略

微博的定位非常重要，微博就像一个人，这个人讲话做事都要有自己的风格。微博的定位清晰了，微博运营就成功了一半。下面简单介绍几种定位不同的企业微博。

（1）官方微博（微媒体）。官方微博是现在大多数企业必备的宣传渠道，内容的权威性是其最明显的特征之一。官方微博可以第一时间发布企业的最新动态，对外展示企业品牌形象。它能以较低的成本达到展示企业形象、传播企业信息的目的。

（2）企业意见领袖微博（微传播）。意见领袖是指在某个领域中有一定话语权的相关人士。企业意见领袖微博主要是指企业中一些高管的个人微博，这类微博可以通过企业高管的个人言论推动企业发展并影响相关受众的观念。

（3）客服微博（微服务）。客服微博可以通过与客户进行实时的互动和深度的交流，收集客户对改善产品质量、提高服务水平的意见和建议。企业利用客服微博可以与消费者进行更有效的沟通，消费者可以及时向企业反馈信息，企业可以更快速地掌握消费者的需求，这在一定程度上帮助企业节约了运营成本。

（4）产品微博（微公关）。产品微博在产品公关方面的作用是巨大的，它能对危机进行监测，提前预警，这有助于企业快速处理危机。快速处理和应对危机可以避免大量消费者出现负面情绪。微博可以用于处理危机事件，在一定程度上可以帮助企业改善口碑。

（5）市场微博（微营销）。企业可以利用微博跨地区组织没有人数限制的活动，还可以利用微博开展互动营销。

（二）微博与微信的区别与联系

有一个对微信和微博的概括非常准确：微博继承了新浪的媒体基因，是一个社会媒体平台；微信则是一个社交沟通平台。新浪的基因是网络媒体，而腾讯的基因是社交和聊天工具。

微博属于媒体工具，它以兴趣为纽带将用户连接起来，所以微博平台与微博用户之间的连接是弱连接。微博更加强调信息的快速传播和内容的公开透明，它能让信息传播达到较大的广度。

微信属于社交工具，它以个体的社会关系为基础，用户之间有较强的关联，因此，微信中的消息传播属于强传播，互动基本是双向的，内容也是相对私密的。微信信息的传播广度不如微博，但信息传播的到达率却非常高，受众对信息的消化程度也极高。

当微信刚出现时，有人说微信很快就会打败微博并成为信息传播的主力军，但很多年过去了，微信和微博都发展得很好。微信和微博各有特色，在业务领域并没有太多的冲突。微博是媒体平台，它主要通过广告获利；微信是社交平台，它主要通过增值服务获利。

（三）微博营销策略

微博不仅是一个社交工具，也是企业重要的推广平台之一。企业在正式开展微博营销之前应该对微博营销的基本知识和技巧做一些了解。下面简单介绍一下微博营销的基本内容。

1. 什么是微博营销

微博营销是近年来较为盛行的一种营销方式，是运营人员通过发布微博引导粉丝参与互动，让粉丝对产品产生好感后做出购买行动的一种营销方式。微博营销主要针对粉丝，为了获得更好的效果，运营人员通常会联系微博上的达人进行转发，以获得粉丝关注。这里提到的达人是指拥有众多粉丝的博主，他们的号召力和影响力非常大。

微博营销可以覆盖大量的潜在粉丝，企业可以经常在微博上更新消息，向粉丝传递与企业产品及企业发展有关的信息，打造良好的企业形象。企业微博可以每日更新信息或发起粉丝感兴趣的话题，从而与粉丝深入互动。企业微博营销的内容如表2-2所示。

表 2-2　企业微博营销的内容

主题	内容
企业文化传递	通过微博传递企业的核心价值，打造独特、和谐的企业文化
企业重要新闻发布	发布企业重要新闻，向外界传达企业的声音
企业新产品信息发布	发布新产品，让企业微博成为新产品上市宣传的重要渠道
开展各种专题活动	开展各种抽奖、有奖转发、游戏互动等活动，与粉丝进行充分互动

（续表）

主题	内容
企业危机处理	利用微博及时准确地说明、化解危机事件，加快企业对危机事件的反应速度
各种临时促销活动	开展各种临时的、节假日、淡旺季促销活动

个人微博营销是指个人利用自己的微博账号发布相关信息，并与其他用户互动，互动方式包括转发和评论等。目前进行个人微博营销的主要是具有一定知名度的人士，还有一些个体经销商、淘宝客等。进行个人微博营销的主要目的是让粉丝能够更加了解自己从而塑造个人形象，个人微博营销更注重情感交流和信息分享等。

2. 微博营销的特点

互联网普及之后，消费者的消费行为发生了巨大的变化，消费者从被动选择变为主动搜索和积极分享。消费者也不再像从前那样容易受到电视硬广告的巨大影响，他们对产品的印象主要来自其他使用者的评价。这些变化给企业带来了新的挑战和机遇。

微博的信息传播方式就像广场上的喇叭，凡是在广场上的人都能听见声音。微博营销具有如表 2-3 所示的特点。

表 2-3　微博营销的特点

特点	说明
信息传播立体化	主动分享、粉丝评价、传统广告和公关活动这四个维度的产品信息传播使消费者在采取购买行动之前就已经对产品有了多维度的了解
营销性价比高	微博发布信息门槛低，发布成本远低于传统广告，效果却优于传统广告
传播速度快	微博具有转发功能，通过此功能可实现裂变式传播
传播范围广	微博可通过粉丝关注和名人效应进行大范围传播，从某种意义上讲这是一种病毒传播
传播精准	微博的内容定位决定了粉丝的属性，因此传播内容的到达率和转化率较高

3. 开展微博营销时的注意事项

（1）微博定位要准确。过去，企业特别注重微博的粉丝数量，有些企业甚至以粉丝数量的增加作为微博运营效果的唯一衡量标准。但事实证明，与粉丝数量相比，粉丝质量才是更有价值的指标。粉丝质量与微博定位有关，如果企业是卖软饮料的，那么该企业微博的每一篇博文都应该与目标消费群体关注的信息相关，不能发布一些心灵鸡汤式的文章，或者目标消费群体并不关心的信息。

（2）注重个性化。互动性强是微博的主要特征。因此，即使是企业微博，也要尽可能避免用官方口吻发布信息，相反，要赋予微博人格化的特征，使信息发布充满互动性。例如，餐饮品牌"黄太吉"曾经火遍微博圈，这与它的个性化传播和个性化互动不无关系。

（3）微博名称应简单易记。微博名称就像一个人的名字。有些父母喜欢在自己孩子的名字中用一些生僻字，以显示其独特性，殊不知这样做反而适得其反，越是难记、难念的名字越不容易被记住。微博名称最好简单一些，让人一看就能明白其定位的微博名称更具有传播力。

（4）设置好标签。为自己的微博设置标签可以方便粉丝搜索相关内容。微博的标签就像微博的自我定位，设置微博标签不仅能有效地帮助运营人员认清微博定位，还可以增加内容被用户搜索到的概率，从而达到营销的目的。在发布微博时，在热门关键词前后加"#"可以增加文章的受关注度，如"#圣诞节#"。

（5）优化关键词。在优化微博关键词时，开头部分尽量选择关键字或关键词组，关键词要尽量贴近热门关键词及搜索引擎容易搜索到的词条。当然，前提是保证内容的相关性，不能为了优化而优化。

（6）更新要有规律。维护微博不是一朝一夕的事情，要养成定期更新的习惯，切忌虎头蛇尾。要努力培养粉丝定期阅读的习惯，一旦他们养成习惯，就不要轻易打破这种习惯，掉粉之后让粉丝再次关注的成本是非常高的。

（7）做好借势营销。借势营销又称捆绑传播，是指传播者将要传播的信息与正在发生的热点事件结合起来促进品牌传播的一种营销方式。运营者在进行借势营销前要深入了解当前热点事件，然后根据热点事件策划内容。

（8）努力增强互动。与很多传统媒体相比，微博最大的优势是能与用户充分互动。因此，运营者应该抓住这个优势，举办一些专题活动，如抽奖、有奖转发等，让粉丝充分参与到活动中来，让粉丝主动分享内容。

（9）规划好发布时间。规划好发布时间是提升微博阅读量的关键因素。在早上上班前、午休时段、下午5点后、晚上11点以前这些高峰时间发布内容有助于提高阅读量和转发量。

（四）利用微博做危机公关

在微博越来越流行之后，微博也开始被用于危机公关。微博属于非常典型的社会化媒体，它与普通民众之间的距离比较近，而且信息是即时性的，可以被快速地大范围传播。企业可以利用微博信息传播快的特点去处理危机事件。

1．企业利用微博进行危机公关的积极作用

（1）增强企业的亲和力和可信度。微博的亲和力较强，使用的语言也是口语化的。不仅如此，微博的活跃用户非常多，在国家日益注重网络监督的趋势下，微博上的信息可信度日益提高。企业如果出现了危机事件，特别是外部的危机事件，在信息快速传播的情况下，危机事件很可能演变成社会事件。如果企业可以迅速使用微博来澄清事件或维护自己的形象，企业就有可能转危为安。与此同时，企业还可以顺便向社会公众宣传和推广自身的品牌。

（2）提升企业对舆论的引导能力。当企业出现危机事件且该事件在网上爆发时，企业能否及时地在网上公布准确的信息对危机处理来说至关重要。

微博中的信息可以快速传播，有时可以达到指数级的传播速度。如果企业能够掌握好时机，就能利用微博引导舆论，帮助企业快速地解决危机。

（3）减少信息在传播中产生的误差。在危机突然出现的情况下，企业内部也有可能出现混乱。这时，如果企业要求内部人员迅速撰写出官方发言稿，该发言稿的严谨度就可能不够高。但是，微博的内容短小精悍，可以使用简单的语言对事件进行概括，不需要遵循官方发言稿的规范和格式，这在一定程度上可以减少危机公关中的信息误差。

2. 企业利用微博进行危机公关的注意事项

（1）企业应该实时监控微博中与自身有关的敏感话题，构建企业品牌口碑监测机制，主动了解网络动态，防止危机事件出现。

（2）企业应该雇用专业人员处理危机。专业人员应该快速对危机事件做出反应，快速在微博上澄清相关信息，也就是要做到快速地发布信息，快速地与用户沟通。一般情况下，在危机出现的第一天，信息的传播速度非常快。因此，在初期就控制好事态是危机处理的关键。

（3）企业处理危机时必须实事求是、保持真诚，对于自身错误必须承担责任、积极道歉。企业不可以使用"拉黑"的方式对待微博粉丝。"拉黑"代表拒绝交流，这只会让彼此的矛盾更深，甚至导致危机没有办法被处理和解决。

（4）企业应该对员工进行相关培训，让员工注意自己在微博上的言论。微博内容是公开的，而且还有可能被评论和转发。企业员工代表了企业的形象，因此，企业应该规范员工在微博上的发言。

（5）企业应该关注意见领袖在微博中的引导力量。意见领袖可以引导大众对某一事件的看法，特别是在危机事件发生时，意见领袖的看法可能会影响舆论的走向。因此，企业在处理危机事件时可以适当地让第三方参与进来。例如，企业可以让专业的行业机构、质量检测部门、鉴定部门或行业内部的其他专业人士参与危机处理。

（五）微博运营工具

1. 微博内容库工具

"内容为王"是每一位自媒体运营者都知道的准则。对刚开始运营微博的人来说，不知道发什么内容是正常的；对一些已经有丰富运营经验的人来说，出现江郎才尽的情况恐怕也难以避免。有需求就会有市场，微博内容库就是这样诞生的。微博内容库可以为微博运营者提供与各种关键词相关的内容和图片，目前有大量的网店、企业、网站都在使用此类工具。

目前使用较多的微博内容库工具有皮皮时光机等，这些工具不仅有关键字搜索功能，还提供相关配图，对微博运营者而言是比较实用的工具。

2. 粉丝分析工具

粉丝分析是微博运营的重要组成部分，微博本身自带"微数据"这一粉丝管理工具，其功能比较全面。市场中也有许多第三方的微博粉丝分析工具，如知微等。

知微可以从消息曝光率、评论总数、情感值和内容分析这四个方面对粉丝进行分析，还可以对不同的传播指标进行具体的分析。例如，运营者通过知微可以专门分析链接的点击量。通过这样的分析，运营者可以了解某一条消息的传播深度、传播广度和用户的参与程度，从而判断某条消息在微博中的影响力。

3. 综合管理工具

微博综合管理工具是指具备各种微博管理功能的工具，目前用时趣的人较多。时趣的主要功能包括社交商业战略管理、社交体验管理、社交品牌和流量管理、忠诚度管理等。

4.定时发布与多平台发布工具

定时发布是指在指定时间发布特定信息，定时发布需要使用相关工具，如皮皮时光机、享拍微博通等。享拍微博通可以应用在微博等社交平台上。通过享拍微博通，用户可以向已注册的各个社交平台发送消息并查看各个平台接收的信息。

三、腾讯 QQ 运营

（一）QQ 营销

腾讯 QQ 自问世以来就带有强大的社交基因，是一款用户非常多的即时通信工具，常被中小型企业用于营销推广。QQ 的海量用户是实现 QQ 营销的基础。依照企业的现实需求，QQ 营销可以实现在线客服和网络营销工具的个性化定制，并依托 QQ 平台的庞大用户群体，在扩展和沉淀新客户及显著提高企业在线沟通效率方面发挥重要作用。

（二）QQ 的营销功能

（1）会话功能。首先，QQ 可以实现一个窗口、多人聊天，允许同时与100 个人会话。而且，即使退出聊天窗口，用户也可以在下次登录时继续会话。其次，QQ 具备访客分流功能。以业务部门职能的不同为依据，QQ 可以实现引导来访客户的功能；以接待员工的不同为依据，QQ 可以实现引导分流来访客户的功能。QQ 还可以通过咨询内容导航模块来提升回复客户常见问题的效率。最后，QQ 可以实现快捷回复、远程协助、音视频沟通等功能，以便在忙碌时有效相应用户。

（2）客户接待与维护功能。不管在线的客服数量有多少，均可用统一的

"靓号"对外展示。依据不同的需要，用户可以选择合适的客服开始对话。客服可对海量客户进行个性化的多级分组，给单个客户打上特殊颜色标签，以进行全方位、多维度的客户关系维护。

（3）服务监控与管理功能。QQ 支持按照工号、消息类型等进行消息的查看与管理；消息记录可保存在云端；客服可查看工作日报和访客满意度报表，可向海量用户一键发送消息。

（4）传播功能。企业根据需要可定制"靓号"，这有利于统一品牌形象。此外，企业还可进行资料卡专属展示、聊天窗口定制等。

（三）QQ 空间运营推广

当新媒体运营者的目光都盯着微信和今日头条等自媒体平台时，还有一个流量非常大的平台是不能被忽视的，那就是 QQ 空间。

QQ 空间一般分为两种，即普通空间和认证空间。普通空间是每个 QQ 号都自带的一个空间。认证空间是用户按照个人意愿自主开通的。认证后的 QQ 空间更新动态时，其内容会被展示在粉丝的个人中心，这极大地方便了粉丝关注喜爱的品牌、名人、媒体和机构的最新动态。除了展示形象和更新动态，认证空间对品牌、名人、媒体和机构的更大意义在于发起各种活动，这些活动可以为品牌、名人、媒体和机构与用户进行有效沟通架起桥梁。

QQ 空间的活跃用户多为年轻用户。QQ 空间的信息流广告会出现在用户的好友动态中。信息流广告是一种融入 UGC 的原生社交广告，有助于品牌在社交场景中与年轻人进行深入沟通。

第二节　社群类新媒体运营

一、发现更大的世界：知乎

（一）认识知乎

1.知乎简介

知乎成立于 2011 年年初，是一个知识分享与社交平台，它汇聚了各个领域最具创造力的人群，内容的专业性相对较强。知乎能让人们将各自的经验、知识和见解分享出去。在知识这一媒介下，用户在知乎上建立连接，深层次且理性地探讨热点话题或事件，打造个人品牌。

知乎的本质是一个网络社区，用户在平台上对问题进行提问或解答，相互分享信息。

2.知乎的核心产品

知乎的核心产品主要有知乎问答、知乎话题、知乎专栏、知乎圆桌和知识市场等。

（1）知乎问答。知乎通过提问和回答这种古老、基本的知识传递方式，建立起了人与知识的连接。通过问答和人这两种节点，知乎编织了一张知识网，使用户能够利用这张网按照自己的兴趣汇集自己的知识收藏、积累知识资产。

（2）知乎话题。知乎中的话题是一种标签，也是一种将海量的知识信息准确分配给感兴趣的用户的通道。知乎用户选择并关注话题，把信息沉淀在合适的地方，以便知识被反复使用。知乎中的话题无所不包，内容丰富且具有可扩展性，能够成为再组织和再发现信息的高效入口。此外，话题页面的索引功能是集中呈现优质内容的结构化目录，能够满足用户对某个领域主题的查询及由浅入深、全面获取内容的需求，能够帮助用户搭建扎实的知识体系。

（3）知乎专栏。作为一个针对专家型作者打造的内容平台，知乎推出专栏这一产品的主要目的是鼓励专家型作者积累深度文章。专栏可以由多人协同操作，专栏中的文章一经发布，专栏的关注者便会在第一时间收到通知。此外，专栏赞赏是知乎基础功能的延伸，知乎希望在保护内容原创者权益的基础上，让优质内容的作者依靠知识分享获取收益，让内容原创者获得尊重。

（4）知乎圆桌。知乎圆桌摆脱了时间和地域的限制，每一场活动通常配备一名主持人和几名具备四年以上行业经验的嘉宾，让他们发表个人意见，解构行业、分享洞见。一方面，参与者可以围绕主题进行提问，其他的活动参与者可针对这些提问作答；另一方面，针对嘉宾的回答，参与者既可以评论，也可以与嘉宾共同作答。

（5）知识市场。知乎 Live、知乎书店和知乎电子书等都是知乎知识市场的组成部分。知乎 Live 是在互联网上分享知识的一种新形式，对未来的移动课堂和讲座来说，它是一种参照。用户可以通过知乎 Live 进行实时的语音互动问答。知乎 Live 以主题为中心，主讲人可以对精心准备的讲座内容进行多种形式（如图文、语音和视频）的分享和展示，听众可以直接提问，由主讲人作答。

将一系列精选图书（通常是由知乎出品的电子书，以及知乎与出版机构联合出版的图书）上架到知乎书店，能够有效地衔接图书的传播、购买、阅读、讨论和延伸阅读等环节。知乎以书为节点，将作者、作品、与作品相关的话题联系起来，将对该作者和作品感兴趣的人聚集起来。

知乎电子书是由知乎策划、制作的优质读物，目前一共有四个系列：免费的《知乎周刊》、付费的《知乎周刊 Plus》、"一小时"系列与"盐"系列。与传统出版行业推出的电子书不同，知乎利用话题热度、搜索数据等发现用户感兴趣的选题，对内容进行深度编辑，将内容结构化，让读者能在短时间内进行深度阅读。

3. 知乎用户分析

知乎用户的主要特征如下。

（1）主流人群为中青年，学历较高、购买力较强。

（2）搜索专业内容及提升自我是知乎七成以上用户最主要的使用目的之一。

（3）用户长期、持续使用知乎，因为他们认为知乎有原创的观点和专业的内容。知乎用户黏性极强。与新闻类和社区交友类平台相比，知乎的用户单日使用时长和用户平均总使用时长都更长。

（二）知乎账号运营

在网页端和移动端都可以使用知乎。对普通使用者来说，通过手机发布、查看问题十分快速方便；但对于新媒体运营人员来说，申请账号、制作内容、管理社群，尤其是编写文章、插入图片、调整格式等，在网页端操作更加方便。因此，本节所有关于新媒体运营实操的介绍均基于网页端。

1. 知乎账号的申请及设置

（1）普通账号

第一步，在浏览器中输入知乎网址或在百度中搜索"知乎"并在搜索结果页面中点击知乎官网，即可进入知乎，注册普通账号。

第二步，在"手机号"一栏填入自己的手机号码，然后获取验证码，验证码会以短信的形式发送到手机上，验证码通常只有 10 分钟的有效时间，将验证码填入相应位置后，单击"注册"按钮。

第三步，在新页面中填入自己的姓名，设置密码。其中，"姓名"一栏不强制填写真实姓名，知乎也不要求普通账号用户提供身份信息，最后，单击下方的"进入知乎"按钮。

第四步，在新页面中填写简单或有创意的介绍，说明自己的专业、职业或想了解的领域，并单击右侧的"完成"按钮，知乎会根据这些信息筛选并推荐用户感兴趣的内容。

第五步，挑选自己想关注的知乎话题，单击某话题就会出现该类别的细分类目，例如，勾选"自然科学"话题，即可继续选择"物理""生物""天文"等。选择完毕之后，单击页面下方的"进入知乎"按钮，即可完成账号的注册及基础信息的设置。

（2）知乎机构号

知乎机构号是专属于机构用户的知乎账号，即经知乎官方认证的企业或组织账号。知乎机构号除了支持提问、回答、写文章、管理评论、社区互动这五大基本功能，还拥有知乎专栏、知乎 Live、知乎圆桌这三种升级功能，以便其在社区内与用户更好地互动沟通及传播信息。知乎机构号的注册步骤如下。

第一步，进入知乎官网，在左下角单击"开通机构号"。

第二步，在机构号注册页面填入邮箱地址，并设置不少于 8 位、包含英文和数字的密码，填写验证码后单击"注册机构号"按钮。知乎机构号的注册、绑定和激活都是通过电子邮箱账号进行的，要保证使用的电子邮箱账号没有与其他机构号或普通账号绑定。完成激活后，用户即可通过该邮箱登录机构号。

第三步，知乎会向注册时填写的邮箱发送一封激活邮件，登录该邮箱，单击邮件中的激活链接，或根据提示手动激活机构号。

第四步，填写机构全称，上传机构的资质证明等。资质证明包括机构的营业执照、执业许可证、组织机构代码证等。由于大多数行业的企业都已完成"三证合一",因此现在普遍使用营业执照作为注册知乎机构号的资质证明。正常情况下,拍摄营业执照并上传照片即可。照片文件大小不超过5120 KB,照片文件格式为 JPG 或 PNG。需要注意的是,机构全称必须与营业执照上的公司全称保持一致。

第五步,填写机构号的基本信息。首先填写账号名称(可同时上传头像),然后根据机构的主营业务选择行业类别,特殊行业须提交相关行业许可证等证明。

第六步,填写机构号运营负责人的基本信息,然后单击"确定"按钮。目前,知乎机构号的注册与运营均不需要缴费,知乎对提交的相关材料进行验证并通过后,用户即可免费使用机构号。

2. 知乎基本操作说明

(1)基本界面及操作。知乎网页端的首页主要包括八大板块:首页标签区、搜索区、消息提醒区、问答基本操作区、话题区、互动接待区、跳转功能区和其他功能区。

(2)发布问题。在知乎首页右上方单击"提问"按钮,即可发起一个问题。在新页面填写问题的标题,为该问题设置话题(类似于标签)。在"问题描述"部分,可使用文字、图片和视频等形式对问题进行详细的阐述,以便其他用户深入理解该问题。最后,单击页面下方的"发布问题"按钮。

(3)回答问题。与发布问题类似,在首页右上方单击"回答问题"图标,即可进入回答问题的页面。首先,用户要根据自身情况填写擅长的领域,如"新媒体"等;然后,系统会自动推荐相关问题,供用户选择和回答;最后,单击进入某个问题的详细页面,单击"写回答"按钮,即可直接回答该问题。在问题页面中,用户可关注该问题,关注问题后系统会向用户发送该问题的动态信息;用户可关注问题的作者;用户可向问题的作者发送私信;用户也能通过各项互动功能实现对某个回答的赞同、分享、评论和收藏等操作；用户还能查看对该问题的所有回答。

3.知乎专栏的新建与运营

（1）新建知乎专栏的步骤如下：第一步，登录知乎账号，在首页右侧单击"专栏"图标，进入"知乎专栏"页面，单击"申请开通专栏"；第二步，输入专栏名称和一句话介绍，单击右下角的"新建专栏"按钮，即可完成知乎专栏的新建。

（2）撰写专栏文章。撰写专栏文章与写文章的操作基本相同，只是专栏文章默认保存到专栏中，而普通文章保存到用户主页的"文章"栏中。用户不仅可以将普通文章投稿至自己的专栏，也可以将其投递到其他用户的专栏。后者需要经过专栏主编的审核，而且每篇文章最多只能投稿至两个专栏。

二、以兴趣聚合同好：百度贴吧

（一）百度贴吧概述

1.简介

创立于 2003 年的百度贴吧常被用户简称为"贴吧"，它是百度旗下的社区产品。作为一种以关键词为基础创建的主题交流社区，贴吧与搜索有机融合，立足于用户的兴趣，对用户需求有着准确的把握。贴吧涵盖了体育、游戏、娱乐、教育、生活、地区和社会等各个领域的内容。从某个角度而言，贴吧通过搭建一个自由的交流空间，实现了汇集志同道合者的目标。

2.百度贴吧特点分析

（1）人工信息聚合方式形成了对搜索引擎的补充。存在信息搜索需求并通过贴吧来解决问题的用户的基本目标是获得关于某个主题的信息，但这一需求无法被搜索引擎完全满足。可以说，在贴吧中，用户已经不再通过搜索这一途径来获取信息，而是进行人工信息审核，不同的人把各种信息分享到贴吧中，这使信息的供给与需求关系得到了进一步的明确，也进一步增强了用户获得信息的准确性。

（2）快捷聚集拥有共同兴趣爱好的用户。依托百度在搜索引擎领域的知名度和地位，贴吧搭建了一个快速聚集拥有共同兴趣爱好的人的平台。也就是说，只要用户熟悉百度这个平台，就能通过搜索关键词找到与自己兴趣相投的人。

（3）封闭式话题带来了深入的互动。与其他社区相比，贴吧最明显的特征之一就是话题具有封闭性，例如，话题可能围绕着特定的歌曲、演员或影视作品等。以一个相对封闭的话题来进行交流互动更符合多数贴吧用户的倾向，这种倾向可以在很大程度上促进贴吧用户之间的深度互动。

（二）百度贴吧的运营

1. 百度贴吧功能简介

（1）帖子。帖子是贴吧中用户发表文章或意见的载体和基本单元，主要由标题、正文（包括文字、图片、视频和投票等）及评论三个部分组成。贴吧首页的每一个横排单元就是一篇帖子，首页会显示正文的部分内容预览和评论数，用户可以进入帖子查看具体内容，然后进行留言、评论等操作。

（2）直播贴。在直播贴中用户可以与多个贴吧进行互动，直播贴的内容包含视频和图文直播等。嘉宾、主持人和吧友都是直播贴的参与者，大家可以自由地交流，还可以与嘉宾进行直接沟通。

（3）"楼中楼"。每一个帖子被称为"楼"，发布帖子的人是"楼主"，每一个用户的留言被系统依次按"楼层"标注。例如，楼主在"1楼"，"12楼"是第12个用户的留言，留言的用户被称为"层主"。当吧友想与某个"楼层"

的"层主"互动时，所有和这个"楼层"相关的讨论内容都会在这个"楼层"里显示，这些讨论内容被称为"楼中楼"。

2.百度贴吧基本操作简介

（1）贴吧账号注册。注册百度贴吧账号相当于注册百度账号，百度账号可用于百度旗下的百度贴吧、百度知道和百度文库等各项产品。具体的注册步骤如下。

第一步，在浏览器地址栏输入百度贴吧网址，进入贴吧主页，单击右上角的"注册"按钮。

第二步，在注册页面填写用户名、手机号和密码；单击右下角"获取验证码"按钮，将收到的验证码填入相应的位置；选中"阅读并接受《百度用户协议》《儿童个人信息保护声明》及《百度隐私权保护声明》"选择框；单击下方的"注册"按钮，即可完成百度账号的注册。

（2）发布帖子。发布帖子的步骤如下。

第一步，填写百度账号和密码，登录贴吧。

第二步，在贴吧主页上方的搜索框内输入自己感兴趣的话题或主题，单击右侧的"进入贴吧"按钮。

第三步，在新打开的贴吧首页中单击"发帖"按钮，填写相应内容后单击"发表"按钮即可发布帖子。

三、其他社群类新媒体

（一）网上咖啡馆：豆瓣

1.豆瓣简介

豆瓣成立于 2005 年，初期主打的内容为影音和图书，它将音乐、电影、图书等的相关信息提供给用户，用户则提供评论和描述。另外，豆瓣还提供多种服务及功能，如小组话题交流和线下同城活动等。它如同一个网上咖啡馆，集众多功能于一体，用户在豆瓣的帮助下能发现生活中有用、有趣的事物。

2. 豆瓣用户的特点

豆瓣用户多为教育背景良好的都市青年，例如，大学生和白领是豆瓣的核心用户群体。他们喜爱讨论吃穿用住、电影、阅读等内容。他们对线上和线下的各种活动都有兴趣，他们是发起并推动网络流行风尚的主体人群。

百度指数显示，豆瓣的主要用户大多分布在经济比较发达的东部沿海地区、华北地区和若干中部省份，具体来说主要分布在各直辖市和省会城市。

从年龄上看，20～29岁的年轻人群是豆瓣的第一大用户群体，30～39岁的社会中坚阶层是第二大用户群体。在性别分布上，豆瓣的男性用户相对较多。

3. 豆瓣主要产品简介

（1）豆瓣电影。在国内，豆瓣电影很有影响力，它收录了众多的演员和影片资料，将数千万名电影爱好者汇聚一堂。2012年5月，豆瓣电影推出了购票服务，为用户观影提供了极大的便利。

（2）豆瓣读书、豆瓣阅读。2005年，豆瓣读书上线，它是国内拥有最多用户、最全信息及用户活跃度最高的读书网站之一。豆瓣读书为用户提供精细化且全面的阅读服务。2012年，豆瓣读书推出了豆瓣阅读这一数字阅读服务。豆瓣阅读的内容覆盖多个门类，如历史、设计、艺术和生活等。

（3）豆瓣音乐。豆瓣音乐是一个评论、分享音乐及推广音乐人的在线社区。豆瓣音乐的用户评论和音乐库十分庞大。此外，豆瓣音乐还汇集了一批能够创作新音乐的独立音乐人。

（4）豆瓣小组。豆瓣小组于2005年正式上线，它能将兴趣爱好相同的用户聚集在同一个话题下，使他们在娱乐、美容、时尚等方面的需求得到满足。豆瓣小组既能为用户提供内容发布渠道，又可以培养用户更多元化的兴趣爱好。

（5）豆瓣时间。豆瓣时间是豆瓣开发的内容付费产品，它精心选取用户渴望了解的领域，并邀请青年新秀、行业达人和学术界名家推出付费专栏。每个专栏的内容分为数十期或上百期，通常以音频和文字的形式呈现给用户，并由运营人员定期更新。

（6）豆瓣FM。豆瓣FM是一个个性化的音乐收听工具。用户在豆瓣FM中可以进行跳过、点击红心和丢垃圾桶等操作，平台通过这些操作来判断用户的喜好。平台获得用户的反馈后，就可以将符合用户喜好的歌曲推荐给用户。

（7）豆瓣同城。豆瓣同城可供用户发布线下活动信息，如聚会、电影、音乐、演出、体育、公益和旅行等。

（8）豆瓣市集。豆瓣市集是豆瓣旗下的电子商务平台。

（二）科技有意思：果壳

1. 果壳简介

果壳成立于2010年年底，是一个泛科技类兴趣社区，致力于将科技主题内容提供给用户，传播多元化的知识。如今，果壳网的内容不再局限于科普，而是进一步延伸到倡导理性与科学的生活方式方面，可以满足人们生活中的实际需求，它已经成为人们的生活科学指南。

2. 果壳的核心板块和产品

果壳的核心板块一直在调整，但科学人始终是其核心板块，它是由专业科技团队负责编辑的。果壳旗下还有MOOC学院等核心产品。

（1）科学人。科学人是负责果壳内容创作的团队，为公众和科学之间搭建交流平台是科学人的主要价值。

科学人在"一切新闻皆为科技新闻"这一理念下，塑造了一个鲜明的形象；科学人的报道以采访研究者本人为主，然后通过独立编写内容，将报道传播给用户；科学人围绕公众关心的科学热点话题，将社区影响力更强的内容专题打造出来，如解读诺贝尔奖和搞笑诺贝尔奖等的直播活动。与此同时，科学人积极寻求与国际期刊（如《自然》《科学》《中国科学》等）、国内众多高校、中国科协、中国科学院等的深度合作。科学人通过采访国际顶尖科学家、学术期刊主编、科学传播达人等，在行业内树立标杆。

（2）MOOC学院。MOOC的意思是大规模开放式在线课程，这是一种比较新颖且流行的在线学习形式。人们可以在家中上各种名校的高人气课程，学习专业知识，提升职业技能。MOOC学院隶属于果壳，是一个线上学习社区，它将课程提供商Udacity、Coursera和edX的课程收录进来，并对其进行了翻译。用户可以对课程进行打分、点评，也可以在评论区讨论问题，记录课堂笔记。

MOOC学院的用户数量已经超过120万，MOOC学院中文学习者的数量已经超过了总用户数量的60%。用户可以根据他人的点评和笔记筛选自己希望学习的课程，还可以加入相应课程的学习小组，讨论学习问题。

第三节　新闻资讯类新媒体运营

一、今日头条

今日头条是目前使用最广泛的新媒体运营平台之一。新媒体运营者纷纷进入今日头条，通过这个平台推广自己的产品。

（一）今日头条概况

由北京字节跳动科技有限公司开发的今日头条，是一款基于数据挖掘的内容推荐产品，其主要功能是满足用户的信息需求。

今日头条在个性化推荐引擎技术的辅助下，可以为用户推荐符合其兴趣、位置的内容，所推荐内容除了新闻，还有购物、游戏、电影和音乐等方面的信息。它还可以深度挖掘用户的其他兴趣，不过该效果的实现需要建立在了解用户年龄、职业、地理位置、阅读行为和社交行为的基础上。今日头条通过分析用户的社交行为，可以在几秒内计算出用户的潜在兴趣，用户的行为发生变化后，用户模型可以在几秒内更新。

今日头条从创立之日起，用户数量就不断攀升，目前已经成为众多新媒体运营者的首选。下面介绍如何注册和登录今日头条。

（1）注册的条件。注册今日头条分为两种情况：一种是注册今日头条账号；另一种是注册头条号。注册这两种账号的条件不一样，获得的权限也不一样。

注册今日头条账号相对简单，运营者只需要拥有手机号即可完成注册，或者只有拥有抖音、QQ或微信等账号即可通过第三方平台登录今日头条。在完成今日头条账号注册或通过第三方平台登录今日头条后，用户可以进行讨论、留言、转发等操作，但是不能发布信息。

注册头条号相对来说复杂一些，注册的条件也更严格。注册头条号要求运营者年满18周岁，并要求运营者提供的信息真实可靠。

完成头条号的注册后，运营者可以阅读、转载和评论平台上的各类文章；还可以将自己的文章发布到平台上，成为创作者并获得收益。

（2）头条号的类型及适用人群如表2-4所示。

表2-4　头条号的类型及适用人群

头条号类型	适用人群
个人头条号	适合垂直领域专家、意见领袖、评论家及自媒体人士
新闻媒体头条号	适合报纸、杂志、电视台、电台、通讯社或其他以生产内容为主的组织机构
群媒体头条号	以公司形式专注于内容生产的创作团体（包括出版社）
国家机构头条号	适合中央及全国各级各地行政机关、行政机关直属机构、党群机关、参照公务员法管理的事业单位
企业头条号	适合企业、企业分支机构及企业相关品牌、产品与服务等
其他组织头条号	适合各类公共场馆、公益机构、学校、社团和民间组织等机构团体

（3）注册头条号所需资料如表2-5所示。

表2-5　注册头条号所需资料

头条号类型	注册所需资料
个人头条号	头条号名称、头像、介绍
新闻媒体头条号	头条号名称、头像、介绍、运营者身份证姓名、运营者身份证号码（运营者完成实名认证）、联系邮箱、组织名称、组织机构代码证/营业执照、新闻媒体资质证明、账号申请确认书
群媒体头条号	头条号名称、头像、介绍、运营者身份证姓名、运营者身份证号码（运营者完成实名认证）、联系邮箱、组织名称、组织机构代码证/营业执照、账号申请确认书

（续表）

头条号类型	注册所需资料
国家机构头条号	头条号名称、头像、介绍、运营者身份证姓名、运营者身份证号码（运营者完成实名认证）、联系邮箱、机构名称、入驻申请信息表
企业头条号	头条号名称、头像、介绍、运营者身份证姓名、运营者身份证号码（运营者完成实名认证）、联系邮箱、企业名称、组织机构代码证/营业执照、账号申请确认书
其他组织头条号	头条号名称、头像、介绍、运营者身份证姓名、运营者身份证号码（运营者完成实名认证）、联系邮箱、组织名称、组织机构代码证/营业执照、账号申请确认书

（4）头条号的注册流程。下面简单介绍一下个人头条号的注册流程。

第一步，进入头条号官网，单击"立即注册"，并选择手机号注册。

第二步，进入注册页面后，选择注册个人头条号，按照页面要求填写头条号名称、头条号介绍，选择头像、所在地，填写联系邮箱等内容。

第三步，完成以上操作后，运营者可在今日头条 App 进行实名认证，只有通过实名认证，才算完成了头条号的注册。

（5）头条号的登录。运营者成功注册头条号后，系统会自动跳转到头条号的后台管理页面。但是，用户下一次应该怎样登录头条号呢？下面做一个简单的介绍。

第一步，进入头条号官网，输入手机号后单击"获取验证码"按钮，输入收到的验证码后单击"登录"按钮。

第二步，进入头条号管理页面后，运营者可以进行作品管理和评论管理等操作。

（二）头条号文章的写作

1.写一个不同寻常的标题

标题就像一个人的名字，写一篇好的文章需要重视名字，即文章的标题。

好的标题可以瞬间吸引人们，并让人们顺势阅读。起一个好标题，意味着可以激发用户的阅读兴趣，也意味着对文章的布局有了整体的策划。文章的基调就是从标题开始奠定的。

头条号文章的标题大致可以分为几类，如表 2-6 所示。

表 2-6 头条号文章的标题类型

类型	用法	作用	案例
如何型	如何 + 承诺利益	对全文内容一目了然	如何在面试中留下深刻的第一印象，3 招教会你搞定面试官
W 型	Who、What、How、Which、Why	让粉丝直面问题，并寄希望于下文	现代营销人进阶之路：如何从零开始成为营销专家
合集型	N 种方法、N 种建议、N 种趋势	归纳总结，信息量大	30 页干货 PPT：史上最具深度的电商行业分析报告
急迫型	多用祈使句和感叹号	增加紧迫感、危机感	必须看！iPhone 保养不得不知的五个误区
负面型	否定句开头	增加神秘感，勾起粉丝强烈的好奇心	关于故宫博物院你不知道的那些事儿
独家型	常人难以知晓的各种秘籍	让人感觉文章很珍贵、难得	Facebook 内部员工工作指南
专业型	使用专业词汇	专业词汇吸引专业用户，高质量文案易获得粉丝的主动分享	HTML5 工具篇：10 个营销人也能轻松使用的在线编辑平台
速成型	简单易懂 + 效果承诺	吸引粉丝主动关注和分享	7 步教你玩转 Logo 设计
福利型	打上福利的标签	让人想一看究竟	春节充电：36 篇社交媒体和数字营销人推荐文章（职场篇）
借热点型	借势捆绑传播	获得捆绑注意	世界那么大，你哪都别去了！时趣，要你

2. 文章首段写法

新媒体文章写作和传统媒体文章写作有很多相似的地方，其中最相似的地方便是文章的第一段。文章的第一段非常重要，它的作用仅次于标题，是吸引读者读下去的关键内容之一。

文章开头的常见形式有图片型和文字型。如果选择以图片开头，那么开头的图片必须在第一时间就抓住粉丝的注意力，把握粉丝的兴趣点，否则粉丝会因为对图片不太感兴趣而丧失阅读全文的兴趣。如果选择以文字开头，那么可以采用故事、问答和独白的形式。总而言之，写好文章开头的关键是：要么用图片和数字冲突吸引人；要么解决读者的困惑；要么创造一种场景，让读者感同身受。

文章首段写法大致有如表 2-7 所示的几种。

表 2-7　新媒体文章首段写法

类型	案例
提出一个粉丝关心的问题	职场中的你为什么总是被排挤
引用权威人士的话	广告大师奥格威说过这样一句话
使用问句提出一个挑战	你凭什么可以比同龄人工资高
使用引导型的短句	你活着，可是你并不一定生活着

3. 文章摘要

文章摘要非常重要，它是首先呈现在读者面前的信息，也是决定读者是否继续阅读的关键因素之一。

文章摘要写作有几点需要注意。第一，文章摘要应直接向目标人群"打招呼"。如果目标人群是女性，文章摘要中最好出现"女人""姐姐"等字眼；如果目标人群是孩子的妈妈，文章摘要中最好出现"妈妈"；如果目标人群是男士，文章摘要中最好出现"男人"。第二，文章摘要不必太长，太长的文章摘要不仅没有吸引力，反而会因为浪费读者的阅读时间而导致读者放弃阅读。第三，文章中如果有抽奖、赠品、赠券等有吸引力的信息，一定要在文章摘要中说明。第四，文章摘要切忌使用生僻字，生僻字会让读者敬而远之。第五，以下词汇可以常用：免费、尊敬的、省钱的、惊人的、公布、曝光、秘密、真相、底细、某年某月某日等。要多用问句、感叹句，语言要有起伏、韵律，语言要流畅，少用以下词汇：因为、所以、不仅、而且。第六，如果文章中有一些真实、可靠、权威的数据，而且该数据具有震撼力，就要将这些数据写入文章摘要。第七，配合文章摘要设计制作一张精美、新奇且有看点的封面图片。

4. 配图的重要性

新媒体与传统媒体最大的区别之一就是人们可以读图识意，新媒体在很大程度上把人们拉回到读图时代，可以使人们更顺利地跨越由知识水平差异等造成的鸿沟。配图可以使文案更加生动，减少阅读障碍，提高阅读效率。配图不限于传统的静态图片，还包括 GIF 动态图、短视频、音频、动画等，它们可以让文章变成一个实实在在的、可以多通道传播信息的"富媒体"。

但需要强调的是，配图不一定越多越好，图片太多会让整个文章显得肤浅，文字的阐释作用也是不可忽视的。图片太多还可能导致读者在阅读时容易因为网络等原因无法看到全部图片，从而降低阅读体验。当然，一篇文章的配图也不能太少，很多人的阅读方式是"浅阅读"，造成这种现象的原因是人们的阅读时间碎片化和阅读空间公开化。因此，读图式阅读对现代人更有吸引力。

5. 文风

文风，是指某个人写文章时常用的表现手法或某种习惯。

文风一般由运营者的个性决定，运营者的各种思想、性格和特点都会体现在文章中。需强调的是：文风虽然在很大程度上受撰写者个人因素的影响，但如果写作文章是出于某种运营目的，就必须考虑市场和受众的特点。

总结一下，在头条号文章写作中有两点是不能忘记的：第一点是有用，第二点是有趣。

（1）有用。"有用"的意思是能对读者的生活或工作产生一定的指导作用，能够为他们的生活或工作提供一些具有参考价值的信息。对读者来说，只有阅读这样的文章才是有意义的，否则就是浪费时间和精力。

要想写出一篇对读者有用的文章，就要注意以下几点。第一，文章要直接描述读者的需求和渴望。例如，《你的止咳偏方到底管不管用？学会四招，巧吃橘子来止咳》开门见山地讲出了读者需要解决的问题——止咳，文章通篇都在为读者解决问题，满足读者想要快速止咳的需求。第二，文章要有作者自己的观点，而且此观点要有所创新、与众不同。例如，《小心哟！家里的植物油用不对反倒伤身》就是一篇反传统观念的文章，作者在文章中介绍了家家户户都知晓的、具有养生功效的植物油若用法不当，就会对身体造成危害。这些观点对大众认知是一种挑战，同时又有一定的新意，因此文章的阅读量颇高。第三，文章要回答读者的问题。这种类型的文章一般会在标题中点出问题，然后在正文进行解答。例如，《停！家中常备的"救急药"阿司匹林你吃对了吗》通篇只解决一个问题：阿司匹林怎么用。

（2）有趣。首先，一位出色的作者一定是一个讲故事的高手。只有好的故事才能拉近文章与读者之间的距离，才能成功为产品和品牌注入附加值。一篇没有故事的文章是不会被读者记住的。故事能充分调动读者的情绪，可以让读者产生很强的代入感。

其次，一篇有趣的文章需要注入个人的感情，文章撰写者需要用心去体会读者的感受，站在他们的角度思考问题。如果文章撰写者写出一篇文章后连自己都无法打动，那这种文章又怎么能感染别人呢？

最后，文章需要写粉丝感兴趣的主题。这一点与所运营的头条号本身的定位有关，也与粉丝的特点有关。如果粉丝是一群热衷于娱乐的人，就应该将文章主题锁定在娱乐领域；如果粉丝是一群对汽车感兴趣的人，文章的主题就不能离开汽车领域。

6. 篇幅

文章的长度实际上取决于四个要素：产品特性、目标受众、撰写文章的目的和购买成本。

（1）产品特性是决定文章长短的关键因素之一。有些产品是在感性状态下购买的，既能用较长的文章也能用较短的文章宣传，只要文章能让目标群体产生情感共鸣即可。有些产品是在理性状态下购买的，这种产品的使用周期一般较长，文章撰写者需要用长文章详细介绍产品的性能和功效等，尽可能回答购买者关注的问题以打消购买者的疑虑。

（2）决定文章长短的第二个因素是目标受众。许多年轻受众的手机更换频率非常高，他们在很多情况下会进行冲动型消费，很少会仔细阅读产品说明书。这种现象说明，目标受众在很多时候并不需要大量的信息。因此，现在电子产品的说明书字数越来越少，图片和排版越来越美观。

（3）撰写文章的目的同样是决定文章长短的关键因素之一。假如撰写文章的目的是希望通过改善公共关系来提高品牌的认知度和美誉度，文章就没有必要写得太长，因为对于很长的公关文章，受众是没有耐心读下去的。同理，如果撰写文章的目的是在短期内提高产品销量，文章就应该一针见血地告诉消费者该产品可以带来哪些价值，这样的文章不需要太长。但如果撰写文章的目的是让理性消费者进行大批量采购，文章就要将产品介绍清楚，以便消费者做出决策。

（4）消费者购买一件产品所花费的成本包括时间成本、货币成本和情感成本。时间成本是指在买到该产品之前所花费的时间总和；货币成本是指购买产品的价格；情感成本是指购买该产品所投入的情感。例如，同样是购买冰淇淋，用户面对售价分别是 50 元和 5 元的冰淇淋时情感是不一样的。

7. 传统媒体文章与新媒体文章

传统媒体作者通常喜欢把文章写得很华丽，常常使用一些很优美的辞藻，他们更像是语言学家、修辞学家和诗人。

不过，"华丽"往往并不是对新媒体作者所撰写文章的形容词。通常情况下，新媒体作者只是描绘心中的情境，其使用的语言往往比较简单，但画面感较强。新媒体作者可能在语言学知识上并不具备优势，也并不擅长修辞、双关和押韵等表现技巧，但在营销学和心理学等领域投入了大量的心血和时间。

例如，想要表达一款耳机音质很好时，传统媒体作者一般会写"声声震撼，激发梦想"，而新媒体作者会写"犹如置身音乐会现场"。再如，想要表达一款笔记本噪声很小时，传统媒体作者会写"创享极致，静心由我"，而新媒体作者会写"闭上眼睛，感觉不到开机"。

从本质上讲，新媒体文章的作用在于"为用户感受而设计"，而非"设计创造这些感受的文字"，与文字本身相比，新媒体作者更注重能让用户快速感受和理解内容的表达方式。

（三）今日头条广告

今日头条具有用户多、信息传播智能化程度高、受众精准等特点，是众多商家在广告预算有限的情况下的不错选择。今日头条的广告形式有以下几种。

（1）App 全屏广告。App 全屏广告是一种展示型广告，适合进行品牌强化展示。今日头条启动时，App 全屏广告弹出，用户可关闭广告，也可等待其播放完毕，播放形式为全屏播放，展示时间一般是 3～5 秒，点触屏幕即可跳转到广告页，广告页将向受众展示产品详情。即使用户关闭 App 全屏广告，也不会影响 App 进程和用户体验。

App 全屏广告具有以下特点：第一，App 全屏广告是 App 启动时的唯一入口，在第一屏展现，面向约 7 亿个今日头条用户，信息到达率非常高，能瞬间抓住消费者的注意力，使品牌信息充分曝光；第二，App 全屏广告采用大尺寸展示，具有极强的视觉冲击力；第三，App 全屏广告单次展示收益大于其他形式广告的收益，对用户体验的影响较小，App 全屏广告在 App 启动时通过轮播随机展示广告，在未关闭后台进程时，广告展示的时间间隔为 2 小时，关闭后台进程后再打开 App 可随机展示广告。

（2）图片广告。图片广告分为大图、小图和图组三种形式，这三种形式各有特点。大图形式视觉冲击力更强，有利于品牌的视觉化传播，能够很好地吸引用户，是一种展示效果很好的广告形式。小图形式则更原生，不容易被用户识别为广告，通常隐藏在新闻信息流中，常常以新闻的面貌呈现给用户。图组形式的展现更有创意。

（3）视频广告。视频广告同样置于新闻信息流中，与大图的作用和功能很相似，但在展示效果方面更胜一筹。视频广告可以通过声音、图像、字幕传达信息。与静态广告相比，视频广告能让用户留下更加深刻的印象。对于视频广告，用户可点击进入广告详情页，页面上方可继续播放视频，页面下方可对产品信息和广告活动进行具体阐释，用户也可在下方留言互动。

（4）App 下载广告。App 下载广告是将某一款 App 作为产品投放到今日头条的一种广告形式，此类广告不仅提供网页链接，还支持用户直接下载，十分方便快捷。

（5）详情页广告。详情页广告是展示在新闻内容最下方，可按文章类型等条件投放的一种广告。详情页广告出现在头条号文章相关阅读的上方，展现方式比较友好，用户接纳度高。详情页广告的定向投放既可以建立在今日头条用户画像的基础上，也可以将其他定向条件（如人群属性、文章属性和文章分类等）附加其中。对于可灵活分配预算且想要精准投放广告至某些用户群体的商家，详情页广告更加合适。

（6）自营广告和头条广告。头条号运营者可以开通自营广告和头条广告，这是头条号的一大特色。

头条号平台对头条广告的广告位拥有自主运营权，其计费标准为广告展示量。平台实时计算收益并按月结算，支持一键轻松提现。虽然目前媒体和签约作者不能实现自助提现，但是作者拥有对自营广告的广告位全权运营的权利。自营广告与头条广告的申请并不冲突，就算已经申请了自营广告，也可以申请头条广告。但需注意的是，文章的展示形式只能在自营广告和头条广告之间选择一种。在大多数情况下，头条广告的阅读量和展示量会有所出入，因为二者的计算规则不同。文章的阅读量主要是按用户进入该文章详细页面的动作来计算的，而广告展示量按实际广告露出计算。例如，当读者阅读文章时，广告没有显示，那么只计算阅读量，不计算广告展示量。为了使用户获得更好的阅读体验，文章每次被刷新时并不会都带有广告展示。

（四）今日头条的其他功能

1. 原创功能

头条号原创功能旨在为作者提供基本的权益保障，是一种为创作者提供知识产权保护的有效措施。

开通原创功能后，作者拥有的权益如下：（1）为自己的原创内容添加"原创"标记；（2）可开通赞赏功能，若有读者喜欢该篇文章，便可打赏作者，作者可以获得收益；（3）可以申请开通头条广告，使标记为"原创"的文章广告收入更多；（4）部分由新闻机构官方开设的原创头条号，除不支持开通赞赏功能外，其他收益均不受影响；（5）一些收益和获益活动的参与者也会从原创头条号作者中选出。

需要注意的是，头条号平台有永久收回原创功能的权利，该措施主要针对不遵守平台规则、滥用原创、恶意违规的账号，这样的账号不仅会被头条号平台永久收回原创功能，还会受到相应的处罚。

开通了原创功能的账号，在个人主页的"管理"栏中会多出一个新的功能——"原创保护"，单击"原创保护"图标即可以与第三方专业维权机构（如维权骑士、快版权）进行签约，从而对自己的文章进行全网保护。维权骑士可提供快速删文服务，快版权可提供维权赔付服务。对于与维权骑士签约的文章，今日头条会帮助作者免费维权，不收取额外的费用。

2.赞赏功能

为了鼓励原创作者快速变现，提高创作热情，头条号平台针对原创作者推出了赞赏功能。赞赏功能只有开通了原创功能的用户才能使用，这与微信公众号有些不一样。赞赏功能与文章绑定，作者需要为每一篇文章单独设置是否开通赞赏功能。

3.商品功能

如何通过头条号平台进行变现？收益有多少？如何将自己的高黏性粉丝的数量优势充分发挥出来？如何将自己包装成某领域的达人？如何利用头条号平台的商品功能获得直接的经济收入？这些都是头条号原创作者非常关心的问题。

头条号平台的商品功能依托图文广告来实现，即头条号原创作者将广告位委托给平台，让平台代为运营。为了有效推广头条号原创作者的图文广告，平台会根据用户的喜好及广告内容对用户和广告进行智能匹配。用好商品功能要注意以下三点。

（1）设置原创作者的人设标签。头条号平台鼓励原创作者设定人设标签，一是可以让原创作者在个人热爱的领域积极地开展创作，保证文章内容的质量相对优质，避免盗取、抄袭他人原创文章；二是可以通过原创作者的人设标签吸引粉丝，增强粉丝黏性，在保证粉丝数量的前提下进一步实现针对特定人群的商品推广；三是可以让商品的关键词与原创作者挂钩，当用户搜索某一类文章或者视频时，平台就会把这类优质原创作者推荐给用户。

（2）确保商品功能与收益的平衡性。很多原创作者都说图文广告并没有给他们带来收益。其实，能否获得收益有多个影响因素，其中最重要的两个因素是文章质量和阅读量。现在，头条号平台上的文章水平参差不齐，用户经常会看到这类图文广告：抄袭或凭空编撰一个小故事，配上几张与文章毫不相关的图片，甚至盗用图片，最后再强行插入一个与图文关联性不强的商品链接。如果是这类质量不高的图文广告，阅读量必然不够理想，其传播量和推荐指数也会随之降低。

（3）发挥商品功能的便捷性。在头条号平台上发布图文广告有两种方式，一是作者手动录入内容并发布，二是自动同步。目前，商品功能也在逐步优化，平台希望通过先进的营销理念和精准的客户定位实现原创作者和商家的双赢。

4. 原创倍增

为了给优质原创视频头条号提供更多的扶持，头条号平台于 2017 年 3 月推出了"原创倍增"计划。签约该计划的头条号只要发布原创视频，即可每月获得"号外"赠款（"号外"是头条号推出的轻量级推广工具，通过今日头条个性化推荐系统，将内容精准地推荐给潜在用户，帮助创作者获得更高的播放量）。

"原创倍增"计划的申请条件及入选后需履行的义务如下。

（1）"原创倍增"计划的申请条件如下：① 头条号注册类型为个人；② 账号开通满 90 天，且已开通原创功能；③ 过去 3 个月中，每月发布的"已推荐"内容不少于 10 篇，申请日前（不含申请日当天）每 30 天算 1 个月；④ 账号内容优质，无抄袭、发布低质内容、发布违反国家相关政策法规等内容的违规记录。

（2）入选"原创倍增"计划的头条号需履行的义务：① 每个月在头条号至少发布 5 条原创视频（实际数目经双方协商确定）；② 视频正片中需添

加引导用户关注头条号的相关信息（可采用字幕、口播、二维码等形式）；③使用"号外"赠款推广的视频需为正片内容，不允许推广预告片、片花、广告等；④"号外"赠款不得申请变现、兑换实物或转让、售卖。

5. 多标题功能

在新媒体发展的过程中，抛开内容生产者的各种观点，仅从数据方面来看，标题的作用愈发重要。头条号推荐系统对一篇内容是否值得被更多人观看的判断因素之一是标题的点击率。假如标题不能引起用户的关注、激起用户的阅读欲望并获得点击，那么无论文章内容本身质量有多高，都难以产生传播价值。在头条号平台发布文章时可以选择单标题或多标题，多标题功能至多可以设置4个标题。

6. 粉丝必见

为了增加作者与粉丝之间的交流互动机会，头条号平台为作者提供了实验性功能"粉丝必见"。作者通过设置"粉丝必见"，其文章不仅可能被系统推送，还会在发布24小时后被加入粉丝的推荐信息流。现在很多用户渴望获得更多且更宽泛的信息，因此关注的头条号不断增多。若用户关注了多个开通了"粉丝必见"功能的头条号，系统就会根据该用户的搜索行为和关注内容的偏好对文章进行排序，优先推荐和展示用户偏好程度较高的"粉丝必见"文章。

7. 评论保护

头条号平台有评论保护功能。该功能可以让作者自主管理评论，在提升用户阅读体验的同时使作者免受恶意谩骂等低俗评论的攻击。

8. 外图封面

头条号支持将正文以外的图片设置为封面。如果正文中的图片不符合信息流封面图的要求，作者可以通过"本地上传"或直接选用"免费正版图片"

及"热点图库"中的图片来设置封面图。尽管封面图不在正文中出现，但封面图必须立足于图集内容主题及文章内容。

二、搜狐号

搜狐号是集搜狐网、手机搜狐网和搜狐新闻客户端三端资源的大力推广优质内容的自媒体平台。自媒体运营者可利用搜狐号强大的媒体资源获得可观的流量，进而提升个人影响力。只要在搜狐号上发表一次文章，文章便可以在搜狐三端获得同步传播。搜狐号因其内容分发专业、用户量较大及长久积累下来的良好口碑，已经成为众多自媒体优先选择的自媒体运营平台之一。

在申请搜狐号时，有多个类型可供选择，其中最常见的四个类型是个人搜狐号、媒体搜狐号、政府搜狐号、企业/机构/其他组织搜狐号。根据搜狐号官网的介绍，它们之间的区别如表 2-8 所示。

表 2-8 搜狐号类型及适用人群

搜狐号类型	适用人群
个人搜狐号	适合个人写作者、垂直领域专家、意见领袖及评论家
媒体搜狐号	适合报纸、杂志、电视台、电台等传统媒体，以及有国家新闻出版广电总局认可资质的媒体
政府搜狐号	适合中央及全国各级各地行政机关、正规的国家机构等
企业/机构/其他组织搜狐号	适合企业、机构，以及其他组织

（一）搜狐号的注册

进入搜狐号官方网站，单击网页中间的"注册"按钮，用手机号注册并设置密码。搜狐号还支持第三方平台登录，如 QQ、微博和微信等。

注册完成或通过第三方平台登录账号以后，可选择入驻类型，这里以个人为例进行说明。需要特别提醒的是：一旦入驻搜狐号成功，登录方式就无法更改。注册不同类型搜狐号需要提交的资料如表 2-9 所示。

表 2-9　注册不同类型搜狐号需要提交的资料

搜狐号类型	注册所需资料
个人搜狐号	运营者身份证姓名、运营者证件号码、运营者手持证件照片、运营者手机号、联系邮箱、辅助材料
媒体搜狐号	运营者身份证姓名、运营者证件号码、运营者手机号、联系邮箱、组织名称、入驻授权书、组织机构代码证
政府搜狐号	运营者身份证姓名、运营者证件号码、运营者手机号、联系邮箱、单位名称、入驻授权书、组织机构代码证
企业 / 机构 / 其他组织搜狐号	运营者身份证姓名、运营者证件号码、运营者手持证件照片、运营者手机号、联系邮箱、企业 / 机构 / 组织名称、入驻授权书、组织机构代码证

（二）搜狐号运营常识

搜狐号的基本操作与其他自媒体大同小异，诸多在其他自媒体平台上需要遵守的规范在运营搜狐号时同样需要严格遵守。搜狐号在图文编辑和运营方面与微信公众号和头条号都很相似，在此不做赘述。下面简单介绍一下搜狐号在运营方面需要特别注意的几点。

（1）搜狐号图文中不能加入二维码。为了保证用户的阅读体验，保持良好的内容生态，系统严禁用户在非推广位置发布任何营销推广类信息。二维码属于营销推广类信息，会被系统自动过滤，不会被显示。

（2）发文数量。个人与企业 / 机构 / 其他组织类搜狐号每天可发布 5 篇文章，未通过审核或被删除的文章仍然计入发布文章篇数。媒体、政府类搜狐号每天发文数量不受限制。

（3）广告位的使用。运营者只能在规定的位置加入营销信息，操作方法是：登录搜狐号管理后台，单击左侧导航"推广"按钮，填写广告标题、广告简介和广告链接。为了保障绿色网络环境，运营者投放的每条广告都要经过平台审核。审核通过后，广告内容会在此账号发布成功的所有文章尾部进行展示。

（4）不可投放广告的情况。平台对广告投放有详细的要求，医疗、保险和金融行业不得在搜狐号中投放广告。同时，广告内容不得违反相关法律法规，广告链接不得含有直接售卖信息。

（5）搜狐号侵权申诉。搜狐号为了保护他人的知识产权和名誉权等法律法规所规定的合法权益，对侵犯他人合法权益和被他人侵犯合法权益的各种行为采取管控措施，用户可向搜狐号后台管理系统发起投诉。

三、百家号

1. 百家号简介

百家号是百度为内容创作者提供的内容发布、内容变现和粉丝管理平台，于 2016 年 9 月 28 日正式对所有作者全面开放。

百家号的核心功能和服务有以下三个。

（1）内容发布。作者可以将自己的文章、图片、视频作品发布到百家号上，这是百家号的基本功能。未来，作者还可以通过百家号平台发布动图、直播、VR、H5 等不同内容形态的内容。百家号分发内容的渠道众多，包括百度浏览器、百度搜索、手机百度等。

（2）内容变现。作者通过百家号平台获得收益的主要形式有用户赞赏、原生广告和广告分成等。

（3）粉丝管理。用户在百家号文章页面点击左上角的提示标志，即可进入作者的个人主页，也可以选择关注作者。作者可以使用百家号工具分析粉丝的属性，并针对粉丝在个人主页中开展多样化的运营活动。

2. 百家号主要功能与操作简介

（1）账号注册。百家号账号与百度账号是通用的，其注册步骤如下。

第一步，进入百家号官网，单击"百度账号登录"或"短信快捷登录"按钮，通过百度账号登录，并在新页面单击"下一步"按钮，注册成为百家号作者。

第二步，选择百家号账号类型，单击对应账号类型下方的"选择"按钮，进入新页面。

第三步，以"个人"类型的百家号为例，填写百家号信息，如领域、百家号名称、百家号签名档、百家号介绍、所在地、百家号头像等。用户应选择自己擅长的创作领域，因为文章和所选领域一致有助于提高等级；应填写与发文领域相关的百家号名称，这能有效提升文章的点击量。

第四步，填写运营者信息，如姓名（须与身份证一致）、身份证号码、邮箱地址等，然后输入验证字符，单击"提交"按钮，等待官方审核通过。

（2）百家号文章的编辑和发布。通过百家号发布的文章采用人机审核，即先由程序审核内容，审核通过后再由人工审核，步骤如下。

第一步，登录百家号，进入后台，单击左侧功能标签页中的"发布"，在下拉菜单中选择发布内容。

第二步，在下拉菜单中，选择"发布图文""发布视频""发布动态""发布直播""发布合集"或"发布图集"，此处以发布图文为例，单击相应位置。

第三步，在标题栏输入文章标题，在正文框中编辑文章，可使用上方的工具栏进行"重做""撤回""去除格式""添加图片"和"添加视频"等操作。

写完文章后，可单击右下角的"预览"按钮，预览无误后可选择保存草稿或发布。注意，在百家号上发布图文文章的门槛最低，只要符合百家号平台规范即可，但严禁发布恶意营销、广告推广、谣言等各类违反法律法规及相关政策的内容，文章中不得出现站外链接、二维码图片等内容。

第四节 直播和短视频类新媒体运营

一、直播

（一）直播平台概述

"直播"一词最初是"现场直播"的简略说法，原本是指记者和摄影师等专业人员及团队通过在现场搭建专业设备，把正在发生的事件或活动的图像、声音及其他相关内容转换为广播或电视信号，在不经过完整后期处理的情况下直接发射和传输，由观众在终端实时接收并掌握现场情况的一种信息传播方式。

近年来，随着网络及相关技术的兴起和发展，接收现场直播信号的终端从原本的电视机和收音机慢慢转变为计算机和移动设备。顾名思义，网络直播是指通过网络平台，借助网络技术完成直播信息的生成、传递和接收。按照直播媒介进行分类，网络直播可分为网页图文直播、语音直播和视频直播等。其中，视频直播是目前使用最普遍的，也是网络直播最重要的形式之一。

与传统的现场直播相比，新时代的直播虽然不改其核心本意，但已经被极大地拓宽了内涵。不论形式、内容还是特征、优势，新时代的直播都有区别于传统电视、电台和网页直播的地方。

（1）信息传播更迅速、便捷。手机等移动设备在国内的普及率越来越高，直播的潜在受众数量庞大，预期到达率高，传播范围广。尤其是手机经常被用户随身携带，接收信息方便，这是电视台与电台无法企及之处。加之移动互联网的不断发展，4G、5G及Wi-Fi的高渗透使网络传播速率呈指数级增长，而流量成本却不断下降。

（2）内容更丰富、广泛。电视台和电台的直播内容不仅受到诸多规章制度的限制，传播内容还需要提前经过严格审核，选题也要经过深刻考量，所以并不是任何事件都有直播的必要。网络世界的海量内容和相对宽松的环境给如今的直播带来了无穷的生命力与丰富多样的形式，传统直播鲜少碰触的市井烟火、饮食男女正成为手机直播的"蓝海"与"利基市场"（Niche Market）。传统直播的单一模式转变为 UGC、PGC（Professional Generated Content，专业生成内容，如游戏直播节目等）、PUGC（Professional User Generated Content，专业用户生成内容，如知名网络主播的直播表演等）的复合模式。

（3）互动形式更多元化，用户黏性更强、满意度更高。由于直播双方可以实时交流，直播的内容和形式多种多样，所以网络直播是即时双向沟通的典型。网络直播的市场细分更精准，由兴趣引领的用户主动参与的热情较高。

广义上的互联网直播可以追溯到1997年，彼时互联网在国内刚兴起不久，大多数家庭还处于使用台式计算机、电话线与调制解调器拨号上网的阶段。网速的缓慢导致那时的直播形式主要为图文直播，即发布者通过文字和图片，按时间顺序逐条地向观众传递现场信息。目前，这种直播形式仍广泛存在于各大门户网站，尤其适用于因语言限制而无法实况转播或耗时过长的国外事件，如电影和音乐颁奖礼等。

我国直播行业不断地发展。2016 年，花椒直播上线虚拟现实（Virtual Reality，VR）直播专区，市场反应良好。2017 年 7 月，YY 试水 VR 直播，以"全球定位系统（Global Positioning System，GPS）＋增强现实（Augmented Reality，AR）"的形式，联合旗下主播举办了一场直播寻宝活动。虽然当前国内外的 VR 直播内容多以新闻、娱乐和大型体育赛事等活动为主，而且面临各种问题（如内容缺失、技术瓶颈、硬件成本高等），但 VR 直播仍是未来直播行业的发展方向之一。为了适应时代的发展，直播行业开始尝试融入人工智能技术。最初，人工智能仅用于直播内容的管理和审核，如今渐渐走出幕后，登上舞台，向直播内容生产层靠拢。此前，相关人员也探索过由机器人取代真人进行直播，但到目前为止，还没有机器人直播的成熟商业模式。因此，直播平台还需要不断探索如何更好地应用人工智能，直至迎来直播的新时代。

直播的类型十分丰富，其分类的标准很多。将直播传递载体作为分类标准，直播可分为手机直播、广播直播、电视直播等；将直播内容作为分类标准，直播可分为舞蹈直播、唱歌直播、器乐直播等；将直播信息的存在形式作为分类标准，直播可分为图文直播、视频直播、语音直播等。此外，还有讲解比赛或单纯享受游戏的游戏类直播，分享化妆心得、服饰信息的美妆时尚类直播，以及内容丰富、形式多样的综合类直播等。最后，还可以按照直播平台的不同将直播分为一直播、熊猫直播、腾讯直播、搜狐直播、YY 直播等。

（二）直播新媒体运营

1. 一直播简介

一直播属于综合类直播平台。综合类直播平台是指不突出单一主要属性，融合多种直播内容的平台。一直播是综合类直播平台中比较典型的一个，涵盖了唱歌、跳舞、游戏实况、聊天互动等多项直播类目与内容。一直播被归类于综合类直播平台的一个重要的原因是一直播的母公司一下科技与新浪微博建立了战略合作伙伴关系。而微博作为综合类社交平台与信息平台，拥有国内乃至全球最丰富的内容资源及最多样化的用户。一直播可在极大程度上满足微博用户的各类直播需求，用户可在微博上直接发起直播。一直播的方便之处在于无须安装应用软件，若用户有需求，可通过直播形式在微博中直接与用户进行互动。不仅如此，一直播还与各大新媒体平台和摄影软件等进行合作，如秒拍等，为直播提供入口。

2. 直播的硬件与软件

为了保证直播活动顺利进行，在正式开始直播前必须对必要的软硬件进行设计、制作、采购、检查和安装等。直播前期的硬件准备分为场地准备、道具准备和设备准备三个部分，软件准备则分为直播平台设置和直播功能调试两个部分。

（1）场地准备。直播场地可根据所处地点分为室内直播场地和户外直播场地。室内直播场地适用于娱乐内容及耗时较长的产品体验、产品用法演示及粉丝见面会、新闻发布会等活动。常用的室内直播场地有住宅房间、办公室、咖啡馆、赞助商的店铺和酒店宴会厅等。户外直播场地适合街头采访和大型文体娱乐活动，常用的户外直播场地有人流量充足的街头、大型商场门口、热闹的广场和体育场等。

（2）道具准备。若直播活动有正式赞助商或产品植入了广告等商业化内容，那么在多数情况下直播团队需要提前设计、制作、准备与活动、厂商或产品相关的宣传材料，如产品、展示架、宣传海报、台标、台卡、胸牌、贴纸和手卡等。工作人员还需要准备装饰道具（如气球、靠垫、地毯、鲜花和玩偶等）和互动性道具（如举手牌和小礼物等）。

（3）设备准备。在直播准备阶段，相关人员应对所需的直播设备进行采购、安装和调试。直播设备中最主要的是手机，其他直播设备几乎都要围绕手机来准备，其他直播设备主要包含手机电源、无线路由器、手机支架、灯光设备、收声与音响设备、提词机等。

在正式开播前，可对单位时间的耗电量做一个简单的测算，根据正式直播的预计时长准备充足的电源和备用电源。便携式移动电源即俗称的充电宝是手机直播时的必备设备。经过实际测试，在直播时如果手机电量降至50%

以下就应该对手机进行充电，这样才能保证剩余电量支持直播持续、稳定地进行。还有一个小技巧就是携带插线板，插线板可以为移动电源充电或在固定位置持续为正在直播的手机及其他设备稳定可靠地供电。

　　手机直播属于网络直播中最常见的形式之一。在室内场地进行直播时，多数情况下，手机都需要连接稳定工作的无线网络，即 Wi-Fi。Wi-Fi 的正常工作需要无线路由器的配合，因此必要时可携带无线路由器。少数室内直播场地和绝大多数户外直播场地都无法提供稳定的无线网络，因此直播团队可采购网络运营商发售的数据流量卡，将数据流量卡直接插入手机使用，或者将其放入移动 Wi-Fi 设备以提供无线网络热点。

　　长时间手持手机进行直播对直播者来说并不实际，同时也会对直播效果和镜头的稳定性等产生影响。因此，手机支架对手机直播至关重要。目前，手机直播所用的支架分为固定机位直播支架和移动机位防抖支架两种。其中固定机位直播支架适合在室内场地进行相对静止或无须大量调整镜头的直播，而移动机位防抖支架更适合户外运动量较大、须频繁移动机位或调整角度的直播。移动机位防抖支架使用手机稳定器或手机防抖云台进行防抖处理。其中，三轴手机防抖云台的防抖性能较好，价格适中，适用于边走路边直播的情况；三轴陀螺仪追焦防抖云台的防抖性能最佳，但价格昂贵，适用于慢跑或其他重大活动的专业直播。固定机位直播支架可分为单台手机固定机位支架（如三脚架、懒人手机支架等适用于单人单台手机的直播）和多台手机固定机位支架（可以支持 2 台以上的手机在多个直播平台同时进行直播）。

　　直播时多使用前置摄像头进行直播，但如果光线不佳，就很难保证直播效果，因此建议直播人员提前采购补光灯，直播时对主播进行补光。补光灯可选择冷光和暖光两用的型号，以避免主播的皮肤显得过白或过黄。网上常见的直播补光灯有桌面直播补光灯、移动直播补光灯等，但其补光范围大多在 1 米以内，因此在户外进行大型直播活动时还需要酌情采购专业的大型补光灯。

此外，收声设备、音响设备、提词器和相机等在直播中也非常重要。直播手机距离主播越远，收声效果就越差。在嘈杂的环境中，距离 1 米以上就需要外接收声设备来辅助收声。收声方式大致可以分为蓝牙无线耳机收声和外接线缆话筒收声，后者效果更好，但最好使用支架对设备进行固定。音响的主要作用是外放背景音乐，增加直播的趣味性和互动性，营造更自然舒适的直播氛围。一般小型室内直播可使用便携式音响，而大型户外直播可考虑使用大型的专业音响设备。

提词器主要用于不允许出现忘词、冷场和出错的重要直播，或根据活动需要对较多、较难的信息（如产品成分、使用方法、抽奖信息等）进行提示的直播。在直播经费不足时，可使用场外大字报或场内主持人手卡代替提词器。相机则主要用于场外侧拍和记录直播情况，直播团队也可使用非直播手机代替相机。

（4）直播平台设置和直播功能调试。准备好硬件之后，还需要对直播的软件进行设置和调试。首先，要设计直播封面。直播封面是用户进入直播间前了解主播和直播内容的窗口之一，包含直播主题、直播时间和主播身份等。其次，要对直播 App 进行全方位的测试，确保主播及相关人员能够熟练操作，避免失误。例如，主播及相关人员应熟悉直播镜头切换和声音调控等基本操作、小视频的拍摄与发布、镜头滤镜设置、与他人连线和直播屏幕录制等。最后，直播团队还要以观众的身份登录相关账号收看试播，并测试赠送礼物和发布评论等功能是否正常。此外，直播团队还需要准备背景音乐和音效软件等，尽量使直播效果达到最佳。

3. 直播的策划与执行

直播的策划与执行是一个宏观、系统且有逻辑的资源调配、整合及计划、组织、实施的过程，主要适用于商业性质的直播活动。策划与执行的操作流程多种多样,必要时可参考若干理论模型。例如,"直播五步法"提出,直播的整体策划与执行主要包括五大环节:整体思路、策划筹备、直播执行、后期传播和效果总结。这五大环节形成一个闭环,可以保证每一次直播都能借鉴前一次直播的成功经验,从而有效地避免失误。"直播五步法"的整体思路包含对直播目的的分析,对直播方式和形式的选择,以及对直播策略组合的制定。其中最重要的部分是直播策略组合,即人物、场景、产品和创意。直播策略组合能帮助直播团队思考通过什么样的"人物",在什么样的"场景"下,使某种"产品"产生良好的效果,从而达到直播的目的,而整个过程需要让"创意"贯穿始终。

4. 直播的营销与引流

直播的基本营销方式可分为以下几种。

(1)外形营销。在直播中,利用帅气或靓丽的主播吸引粉丝是品牌方获取流量和曝光度的重要方式之一。

(2)明星营销。明星的号召力强大,一举一动皆引人关注。邀请明星进行直播互动可显著增强直播效果。在具体运用明星营销时要注意控制预算。

(3)稀有营销。稀有营销适用于拥有独家资源的企业,独家资源包括独家冠名、知识版权、专利和渠道等。稀有产品备受追捧,因此企业往往收益颇丰。

(4)利他营销。直播中常见的利他行为是分享和传播知识,企业可以通过主持人或嘉宾的分享,传授产品的使用技巧和相关知识。利他营销适用于推广美妆、时尚和生活类产品。

(5)才艺营销。出色的才艺往往能吸引大量的忠实粉丝。才艺营销适用于推广与才艺相关的产品,如长笛和吉他等。

此外,还有对比营销和采访营销等营销方式。

直播主要有以下几种引流方式。

（1）硬广引流。硬广即硬广告，是指形式明显、不做"伪装"的常规广告。直播团队可利用各种媒体平台投放广告，对相关直播活动进行宣传推广。一般来说，对直播进行引流时使用新媒体平台比较合适，新媒体平台包括微博、微信和今日头条等。在具体操作时，建议将直播的时间、平台、账号、嘉宾和抽奖等内容列出，以便吸引更多的流量。

（2）软广引流。软广即软广告，是指受众在阅读或观看广告的前期看不出任何广告的迹象，直到结尾才恍然大悟"原来这是广告"的一种特殊广告。直播团队在使用软广进行宣传引流时要注意三点：其一，创意性，软广的内容必须极富创意，能够吸引受众进行持续阅读，否则位于尾端的直播信息就无法呈现；其二，一致性，软广内容、投放平台和直播受众三者之间必须相互匹配，否则推广效果会大打折扣；其三，目的性，即在软广的末尾必须强调直播信息，引导用户进入直播间，关注直播账号。

（3）功能引流。功能引流是指利用直播平台自带的推广功能进行宣传。直播平台通常有"推送""提醒"或"发布"等功能。在开始直播前，直播团队可以将直播消息发送给相关用户，或者考虑与直播平台合作，让直播平台在首页推荐此次直播。

二、短视频

（一）短视频概述

用移动设备完成快速拍摄和美化编辑工作，然后使用新媒体平台分享和传播编辑好的内容，短视频作品便完成了。作为一种新型视频形式，短视频的最突出的特征是篇幅较短。短视频的传播时长以秒为单位，其内容涉及不同的主题，既包括商业宣传、广告创意、教育学习和街头采访，又包括技能分享、社会热点、时尚潮流和幽默搞怪等。

总体来说，短视频主要具有以下特点。

（1）制作门槛较低。短视频在制作方面与专业视频有所不同，非专业从事视频制作的普通人也可以参与短视频的制作。不仅如此，由于短视频制作没有特定的团队配置要求且表达形式比较自由，因此对文案策划、内容编排、设备和拍摄技巧等要求均较低。

（2）时间短，传播速度快。随着移动互联网的普及，移动客户端逐渐成为视频的有效传播途径。短视频短小精悍，可即拍即传，十分方便，但时长不宜超过 5 分钟。

（3）社交属性较强。其一，随着社会的发展，人们的生活节奏日益加快，身兼数职的人越来越多，休闲时间越来越少。因此，相比于长视频，用户更喜欢利用碎片时间来关注、分享和传播短视频。其二，从某个角度来说，短视频是消费者表达自我的一种社交方式。换言之，相较于长视频，短视频的互动性和社交性更强。短视频可以在极大程度上满足用户的创造欲和分享欲。从宏观上看，点击量是短视频的竞争力所在。但从微观上看，短视频的核心竞争力主要在于各种社交方式带给用户的体验，以及用户自身社交圈的重塑。短视频不仅是社交的一种延续方式，也是信息传递的一种有效途径，并不是视频网站的缩小版。

（二）短视频新媒体运营

1. 注册、登录美拍

进入美拍中的"我"页面，点触"登录 / 注册"按钮注册美拍账号。如果用户已有微信、QQ 或微博账号，也可以直接使用上述账号登录。现在以用手机号注册美拍账号为例进行介绍。

初次使用美拍时，美拍会自动识别用户的手机号，勾选已阅读并同意相关协议，点触"登录"按钮，填写昵称，并点触"下一步"按钮，在进入前选择自己的兴趣，如美妆穿搭、神仙颜值和网红探店等，点触"开始定制"和"马上进入美拍"按钮。紧接着，在个人资料页面完善个人资料，如修改昵称、上传头像、选择地区等，建议填写详细的信息以便后续使用更多的功能。随后，在"关注"页面选择关注自己感兴趣的账号或跳过，即可开始使用美拍。

美拍的主界面底端有五个标签，从左至右分别是"首页""关注""拍摄""消息"和"个人"。

点触"拍摄"标签，即可进入拍摄短视频、照片及进行直播的界面。拍摄短视频是美拍 App 最核心的功能，点触画面中下部的白色圆环就可开始拍摄，中途可再次点触暂停拍摄。完成拍摄后点触右下角白底红色钩可进入下一步，然后对拍好的短视频添加滤镜、字幕、特效或进行简单剪辑。随后点触右上角的"下一步"按钮可对短视频添加描述、标签和封面等，并可将其分享到微博、微信等社交平台。

另外，在拍摄主界面中，通过右下角的"相册"功能可添加手机中的视频并进行编辑。拍摄主界面右上角有齿轮状的"设置"按钮和相机状的"镜头转换"按钮，点触"设置"按钮即可为拍摄的人物对象添加防抖和闪光灯等，也可设置全屏或 1∶1 的正方形屏幕；点触"镜头转换"即可调整前置、后置摄像头。

此外，美拍用户还可登录美拍官方网站查询更多的拍摄技巧与功能，如"如何拍摄快进短视频"等。

2.美拍短视频创意

为了使美拍拍摄的短视频获得更多的关注，甚至获得美拍官方的推荐，构思创意是必不可少的环节。

（1）创意的概念、功能和特征

所谓短视频的"创意"（Creative Idea），是指为了实现视频传播和促进产品销售等目标，经过创造性的思维过程而获得好的主意和想法。

首先，美拍短视频中的创意不仅可以吸引其他美拍用户，还可以吸引非美拍用户，如微博、微信用户，从而为实现视频传播的目标打下良好的受众基础。其次，短视频中的创意可以加强观众对视频内容的记忆，使观众对视频内容保持浓厚的兴趣。最后，好的短视频创意可以引导消费者产生购买或其他相关行为，这也是相关短视频团队、品牌和厂商变现的核心保证。

好的短视频创意一般具备以下特征。

第一，创意要切中视频的主题。可通过独特销售主张（Unique Selling Proposition，USP）、FAB 法则（Feature Advantage Benefit）等将视频主题、内容与创意匹配起来。

第二，创意必须易于受众理解。在创作者和接收者之间传递的视频信息遵循基本的传播模式，在短视频创作者编码和观众解码的过程中，双方必须使用同一套符号信息系统，这类似于使用同一种语言进行交流。构思易于理解的创意就是指处理好如何让创造性思维富含的信息被大众接受的问题。

第三，创意必须具有创新性。没有创新性的创意不能被称为创意，只能被称为点子。创意的创新性主要表现为思维角度和想法等突破常规、独树一帜，给人恍然大悟、醍醐灌顶之感，使人们获得意料之外又在情理之中的乐趣。

（2）构思创意的方法

构思创意的方法主要有以下几种：水平思考、垂直思考、反向思考和"二旧化一新"等。

水平思考是一种横向扩展型的思考方式，具有多角度性和互不相关性。例如，一个人肚子饿了需要吃东西，此时脑海里出现了火锅、中餐和日本料理等，这就是典型的水平思考。

垂直思考与水平思考相反，是一种纵向深入型的思考方式，具有方向一致性和相关性。例如，如果一个人已经决定吃火锅了，那么他会继续考虑锅底、配菜、主食、点心和饮料等，这就是典型的垂直思考。

反向思考是一种有悖于常规逻辑的逆向思考方式。例如，在构思短视频创意时可考虑"水往高处流，人往低处走""如果冰箱是热的""如果冬天开冷气""如果男人变成女人，女人变成男人"等。此外，《西游记》中的"女儿国"、《镜花缘》中的"君子国"都是反向思考产生出色创意的典型案例。

"二旧化一新"也是构思优秀短视频创意的重要方法之一。它是指两个原本相当普通的概念、想法和情况，或者两个完全相互抵触的事件，通过结合在一起，产生了一个前所未有的新组合，得出了令人惊喜的新构想。

（3）视频创意工具：思维导图、Mood Board 等

短视频创作者在构思创意时可以使用思维导图、Mood Board 等工具。

思维导图运用图文并重的方式，根据一个中心关键词，以辐射线的形式连接其他所有发散出的字词、想法或关联项目，把各级主题的关系用相互隶属的层级图表现出来，在中心关键词与其他字词、想法或关联项目之间建立记忆链接。其中，从中心关键词辐射出的一条条线索属于水平思考，而沿着每一条单独的线索不断推进则属于垂直或反向思考。思维导图可以帮助短视频创作者在艺术、逻辑与想象之间取得平衡，从而激发创意。短视频创作者可以运用百度脑图绘制思维导图，将视频主题作为中心关键词，最终将思维导图的结果转化为短视频拍摄脚本或文案。

Mood Board 的中文名称是"情绪板"或"灵感来源板"，这是一种帮助创作者搜集素材、形成灵感的实体工具。Mood Board 通过收集创作对象的色彩、影像或其他相关材料，引起创作者的某些情绪反应，将这些情绪反应作为设计方向与形式参考。它被广泛地应用在设计、营销沟通和视频脚本创作中。

第三章

基于新媒体运营角度的大数据解读

3

第一节 大数据简述

一、大数据的定义与应用

（一）大数据的定义

我国最早出版的有关大数据的图书是由徐子沛编写的，在这本书中，他认为大数据是指大小已经超过了正常尺度并且普通的软件无法捕捉、处理、管理、分析和存储的数据。但是，对大数据中的"大"如何定义，那本书并没有给出明确的说法。此外，徐子沛还指出，通常情况下提到的大数据是指太字节数量级的数据，也就是说数据的数量级应该达到 2^{40} 字节。有的专家在探索过程中还强调，不用特别纠结"大"的具体含义，因为在科技不断发展的过程中，数据的量级会慢慢变大，并且在不同的领域"大"的衡量标准是不一样的，所以没有必要对大数据的大小进行统一的规定。

有人认为大数据是数据集合，也是信息技术。这样的表述是相对容易理解的。但是，当有人提出大数据属于服务业态的时候，人们就很难理解了。从这个角度分析，我们可以发现，这种说法是为了尽快推动大数据在各个行业和领域的应用。

（二）大数据的出现

我们可以发现，随着世界的快速发展，很多事物都可以用数字进行表达，世界变成了数字化的世界。数据不再仅仅停留在纸质载体中，电子形式的歌曲、电视剧、电影和照片等都成了数据的载体，同时感应器也可以收集很多数据。在这种情况下，大数据出现了。

1. 我们每个人都是数据的制造者

我们每个人的生活轨迹都会产生数据。例如，我们在看电视的时候会产生数据，在高速公路上开车的时候会产生数据，在超市购买物品的时候也会产生数据。对数据的使用在很多年前就已经开始了。举例来说，航空公司利用数据确定不同航班的机票价格，银行利用数据确定可以发放贷款的客户。不过，大数据这个概念是在近年才出现的。

谷歌和 Facebook 的快速发展都使数据的使用规则发生了变化。如果用户基数比较小，那么储存数据是比较容易的；但是，如果用户基数很大，就必须创新数据的储存技术。此外，当数据量比较大时，分析数据也会变得更加困难。

2. 大数据与云计算相辅相成

大数据和云计算是相辅相成的关系。微软公司副总裁曾经做过一个形象的比喻，他认为大数据和云计算是一枚硬币的两面：大数据储存了很多信息，云计算可以操作、分析和处理这些信息。如果大数据没有积累大量的信息，云计算的能力就没有办法发挥。也就是说，只有将大数据和云计算结合起来，才能真正利用数据推动世界的发展，才能在全世界范围内发起一场大的数据革命。

3. 大数据是量变引起质变的结果

有的学者认为，大数据之所以会出现，是因为当量变达到一定程度后必然会引起质变。而且，人类进行的信息革命也推动了大数据的出现，信息技术每一次的创新，都会促使数据的传播和存储方式进一步发展。

此外，社交网络的出现也推动了大数据的出现。社交网络为人们提供了许多服务，加速了人们之间的信息交流。Facebook 于 2004 年正式成立，它现在的用户数量十分庞大。这些用户的出现及这些用户对社交网络的使用引发了人们的关注，许多投资企业及程序开发者开始关注社交网络，这极大地推动了网络社会的发展。在国内，微博、微信等社交平台为大众提供了发声的平台，每一个人都有机会得到广泛的关注，这促进了信息的流动，也让信息变得可追溯。

（三）大数据在管理领域的应用

1. 大数据应用技术

管理领域的大数据应用技术主要有以下几种。

（1）数据仓库。数据仓库与数据库是有区别的。在传统的数据库中，数据比较少。传统的数据库所使用的索引是有限的，数据处于实时更新状态，并受到事件的驱动，传统的数据库会把并发用户吞吐量当作重要指标。但是，数据仓库的数据量可以达到太字节（2^{40}字节）或拍字节（2^{50}字节），而且数据仓库可以使用多种索引，数据处于定期更新状态，并受到其他数据的驱动，数据仓库会把查询吞吐量当作重要指标。

数据仓库在组织数据时会把面向主题当作主要原则，然后根据决策分析对象来抽取主题，例如，分析劳动市场中的空位需求和求职对比、分析就业形势、分析失业形势等。显然，大数据可以为人力资源管理宏观决策的制定提供有力的支持。

（2）聚类分析。聚类分析是指使用工具把众多个体划分成不同的类别，即物以类聚，尽可能地缩小相同或相似的个体之间的距离，然后尽可能地增大不同类别个体之间的距离。这种技术主要用于人力资源管理中的绩效考核管理，人力资源工作者可以把考核分数相近的员工归入一个类别，然后根据考核指标对不同类别的人员实行不一样的薪酬政策、培训策略和晋升机制。

例如，公司可以根据不同样本点之间的距离来实现聚类，将员工分为四类：普通员工、事业部中工作能力较强的员工、职能部门员工和研发部门的基层干部。职能部门员工具有较强的沟通能力、活动组织能力和发散思维能力。研发部门的基层干部拥有非常强的科研能力，不过沟通能力一般，组织能力也相对较弱。

企业可以利用此分析结果，根据员工类别对员工使用不同的训练方法，尽力将每个类别的员工的积极性充分地激发出来。

（3）决策树。近年来，某公司发现销售代表的离职率比较高，事业部经理人员的流失也比较严重。公司领导非常重视这件事，于是人力资源部开始针对离职率较高这个现象进行数据调查和数据分析，以便为公司领导制定决策提供支持。

人力资源部根据做初步分析时收集的数据，利用决策树算法构建员工分类模型，确定了分类标准，并对离职员工的相关特征做了具体分析，然后根据分析结果预测接下来哪些员工可能会离职。根据决策树算法计算出的结果，男员工比女员工更容易离职，职位低的员工比职位高的员工更容易离职，高学历的员工比低学历的员工更容易离职，低龄员工比高龄员工更容易离职。真正从公司离职的员工可能具备上述某一个属性，也可能具备上述四个属性。公司对这些属性进行分析之后，可以提前关注可能离职的员工，并实行一定的政策来留住他们。

过去，人力资源部会根据员工的绩效、考勤情况及团队合作情况判断员工是否会离职，但是这样的判断方式带有较强的主观性，而且耗费时间。最重要的是，当公司发现员工不愿意参与团队合作、经常缺勤时，即使想挽留员工，也没有什么余地。但是，如果使用决策树分析员工本身的性格和价值观等，就能提前两年到三年对员工的离职倾向做出预测，从而更好地留住关键员工。

2. 大数据在管理领域的具体应用

大数据在管理领域主要有以下几个方面的具体应用。

（1）洞察工作的重点内容。例如，在大城市中有不少地下管线，如自来水管线、煤气管线，也有很多井盖。为了确保城市正常运行，工作人员需要打开一定数量的井盖。纽约市在每个井盖下面安装了感应器，通过感应器收集信息，工作人员可以掌握工作重点，这样每天只需要打开少量的井盖就能够让城市保持正常运行。

（2）洞察管理规律。例如，汽车发生交通事故并导致人员死亡这一现象是否存在规律？通过大数据分析，人们发现交通事故在18：00到21：00之间比较容易发生，而且如果天气比较炎热，发生交通事故的概率就会提高。根据这个分析结果，交通部门可以提醒司机在18：00到21：00之间专心驾驶，保持注意力集中，尽可能避免发生事故。

（3）洞察调度奥妙。例如，农夫山泉公司开展统计工作初期没有引入大数据技术，导致工作速度比较慢。该公司通常要花费一天的时间才能完成数据汇总工作，这导致整个公司的调度经常出现问题，严重地影响了工作效率。引入大数据技术之后，数据汇报的时间大大缩短，这让整个公司的调度更加科学、准确。

（4）洞察客户需求。例如，电子商务是现在发展较快的一个领域，电商平台有很多订单，而且电商平台知道哪些厂商的产品是受欢迎的。正是因为电商平台知道这些数据，所以掌握了主动权。生产厂家需要借助电商平台获取订单，以此了解市场需求。电商平台长久发展下去，必将"反客为主"。

（5）洞察员工表现。例如，高科技企业可以通过大数据技术记录员工一天的工作过程，具体内容包括员工的上班时间、下班时间和工作进度等，员工提出了哪些问题，员工与客户交流了几次、交流了哪些问题及客户的反馈是什么。通过这些记录，企业可以了解员工的真实工作情况，也能够对员工的工作表现进行及时干预。

（6）洞察客户诚信。例如，银行从贷款中获得主要经营利润，但银行为客户提供贷款时会面临一定的风险。政府一直倡导银行应该尽可能地帮助中小微企业，为它们提供贷款支持，但是不少银行难以深入了解中小微企业的经营状况。于是，一些银行开始利用大数据技术从电商平台获取相关数据，以便了解相关企业目前的经营情况。通过大数据，银行可以更加精准地为诚信用户提供贷款。

（7）洞察合适的人选。大数据在选择合适人选方面已经发展出了成熟的技术，所有行业和企业都可以通过大数据技术寻找自身需要的人才。例如，有一些制片人会通过大数据为剧本挑选合适的演员，而且观众可以参与选择演员的整个过程，制作方也可以通过选择结果来预测票房。

二、大数据思维

在大数据时代，万物都可以通过数据连接起来。例如，阿里巴巴旗下的钉钉可以把短信功能、电话功能和微信功能连接起来。在钉钉中发送信息后，发送者可以知道接收者是否已读了信息。如果接收者收到了信息但是没有采取任何行动，发送者可以通过"钉"这个功能给接收者打电话，从而确保信息被传达给接收者，这个功能既方便又不需要支付费用。

（一）大数据思维的内涵

大数据思维的内涵如下。

（1）定量性，即所有的数据都是可以被测量和描述的。

（2）相关性，即所有的事物都可以通过数据连接起来，所以通过数据可以预测相关事件。

（3）实验性，即所有的数据都是可以被开拓的。

进入大数据时代以后，思维方式和决策制定应该慢慢地脱离工业化时代的某些特征，这样才能进一步推动社会的发展和进步。

（二）对大数据思维的解读

舍恩伯格（Schönberger）曾经给出了大数据思维的定义，他认为大数据思维是一种意识，如果人们可以正确处理已经获得的数据，就可以为很多人提供问题的答案。换句话说，大数据思维是能够让人们得到问题答案的一种思维方式。

与大数据思维相对的是工业时代产生的工业思维，它是适应工业时代的一种思维方式。工业思维比较注重规范标准，与之前的农业思维相比，工业思维是思维方式发展取得的成果。但是，如果在信息社会还使用工业思维，就会落后。我国社会的情况相对复杂，农业、工业及信息社会三种社会形态同时存在，因此，人们应该有针对性地发展思维方式。例如，农村应该注重培养工业思维，城市应该注重培养大数据思维。

（三）大数据思维的特点

1.强调一切皆可量化

运用大数据思维会使事物变得量化且具体。与之前的工业社会相比，当前的社会中有更多的对象被量化。

例如，文字、图像、电影、视频和声音等都可以变成数据的形式，包括人类本身也可以被描述为数据，也有人把当今社会中人们的生存称为"数据化生存"。

2.强调数据也是生产要素

以前人们一直认为数据是神秘的，只有领导者和管理层才能掌握数据，而且数据应该被保密、不能被公开。

后来，人们改变了这种看法。在大数据时代，数据属于生产要素，应该被公布，只有这样数据才能创造价值，才能提升生产效率，才能使数据在社会管理领域发挥作用，才能真正创造社会效益。

例如，超市可以在购物车上安装感应器，将顾客的行进路线记录下来，具体分析用户对哪些商品比较感兴趣，在哪些商品面前停留了较长的时间。通过这样的数据分析，超市可以调整商品的摆放位置以增加商品销量，并为生产企业提供反馈，帮助它们改进商品。

3. 强调数据的完整性

进行大数据分析时要分析全部数据，不能只关注某一部分数据。过去，人们开展科学研究和数据分析时会使用抽样调查方法，也就是从所有的数据中选择样本，然后进行具体的分析。但是，那是因为当时没有办法获取全部数据。现在，人们可以较方便地获取全部数据，分析全部数据可以获得更加准确的结果。

4. 强调数据的复杂性

小数据注重数据本身的精准性，大数据注重数据整体的复杂性。客观世界肯定是复杂的，在这个基础上看待世界，才能真正了解事物的本质，才能真正做出正确的决定。

大数据的"大"是指从许多源头获取数据，然后去证明某个事实是正确的。以前，数据上报过程受到数据收集者个人利益的影响，所以最终获得的数据往往是不真实的。现在，人们利用大数据技术可以了解真实的情况，可以判断某一个地区或某一段时间内事情的本质是什么。例如，阿里巴巴可以真实地获得某一个地区的婴儿用品线上销售数量，然后呈现一个立体且真实的结果，进而判断哪个地区的新生儿数量增长比较快。

5.强调事物的相关性

世界上的所有事物都存在某种联系，换句话说，事物之间存在相关性。但是，人们在看待事物时更注重事物之间的因果关系，所以，这种相关性在某种程度上没有得到重视。

大数据思维强调不要过于注重事物的因果关系，不要因为因果关系才去重视数据，而要从相关性入手去重视数据，挖掘数据的价值。

6.强调发现事物的规律

事物是存在一定规律的，虽然有的时候人们觉得无法概括出事物的规律，但那只是因为人们没有对规律进行深入的分析。大数据思维强调从多个方面和多个角度观察事物，这样才能了解事物背后的规律。

例如，要想调查规模比较大的集会活动需要做哪些安全保卫工作，就要分析之前在这类活动中发生的相关事件的数据。通过数据了解事件的发生地点有哪些规律、发生时间有哪些规律，就可以对安保人员做出科学合理的安排。这种安排可以有效避免恶性事件的发生。举例来说，拥挤致死事件的相关数据表明，室内每平方米的人数超过 0.85 人，室外每平方米的人数超过 1 人，就达到了人群高度密集的状态，这时就应该避免更多人向这个环境移动。

（四）大数据思维的创新案例

（1）以大数据思维为基础，通过虚拟世界构建物质世界。例如，各地既可以建设实体养老院，也可以建设虚拟养老院。建设虚拟养老院是指为老年人建设数据系统，然后收集老年人的健康需求、物质需求和生活需求，再整合所有志愿者的信息，最后对二者进行匹配，这种方式可以最大限度地利用社会资源。虚拟养老院可以为老年人提供的服务包括救助服务、生活服务、社交服务和关爱服务。在具体的实践过程中，我们可以将实体养老院和虚拟养老院结合起来，实现养老体系建设的创新。

（2）通过大数据思维完成数据共享。数据可以被个体使用，也可以被分享到组织中让大家一起使用。例如，一家饮料企业根据天气信息中的温度数据、降水数据和日照时间数据对库存进行规划，使库存预测准确率提高了5%左右。

（3）大数据思维让车险更加精细化。目前，单个城市的车险费率基本是相同的。但是，有一些保险公司开始进行探索，分析个人驾驶行为与保险费用之间的关系。有些保险公司在客户的车辆上安装可以远程通信的设备，从而获得汽车的驾驶里程、驾驶时间、驾驶速度、刹车力度等数据。通过分析数据，保险公司对不同的客户做出风险评估，然后根据评估结果确定保险费用。

保险公司这样做的好处是：如果客户平时的驾驶习惯比较好，保险费用就会降低；如果客户的驾驶习惯不好，保险费用就会提高。这种依靠大数据思维进行的创新有助于更多司机养成良好的驾驶习惯。

（4）通过大数据思维加快管理机制的创新与改革。美国航空管制机构运用大数据技术，将各家航空公司的准点率、晚点率及晚点时间公布出来，旅客可以根据公布的数据选择准点率更高的航空公司的航班。也就是说，美国航空管制机构通过消费者影响航空公司，让航空公司提高航班的准点率。因为航空公司追求利润，所以这种管理机制非常有效。

三、大数据决策

根据事情的具体情况提出解决办法的过程就是决策。实际情况不同，决策也不同。根据层次对决策进行分类，可以将其分成战略决策和战术决策；根据主体对决策进行分类，可以将其分成个体决策和群体决策；根据信息掌握程度对决策进行分类，可以将其分成确定类型的决策、风险类型的决策和不确定类型的决策；根据是否可以将数量作为衡量标准对决策进行分类，可以将其分成定量决策和定性决策；根据决策目标数量进行分类，可以将其分成单目标决策和多目标决策。

总体来讲，大数据决策的特点如下。

（1）大数据决策根据数据做出相应的决策，不依赖主观判断。例如，古代皇帝在制定决策时往往会根据大臣的态度来判断事情是否严重。皇帝之所以没有形成定量思维，是因为当时统计信息十分困难。但是，仅仅根据大臣的态度做出决策容易导致决策失误，一旦大臣想要蒙蔽、欺骗皇帝，就会影响决策的准确性。但是，大数据决策不同，它基于真实的数据制定决策，不依赖人们的主观判断。因此，大数据的出现推动了一场决策制定的创新与变革。

（2）大数据决策可以避免感情的干扰。如果人们根据感情做出决策，就可能会忽视整体利益，大数据决策可以排除个人想法和利益的干扰。

（3）大数据决策可以帮助人们快速地做出决策。在大数据时代，很多数据都是实时显示的，人们基本可以实时地做出决策。利用大数据工具，人们可以根据客观数据掌握实际情况，然后将实际情况展示给决策者。

举例来说，企业领导者可以根据从信息系统获取的实时数据做出决策，而不依赖工作人员一层一层上报的数据。经过工作人员层层处理的数据可能存在"主观滤镜"，导致数据不真实。根据信息系统的实时数据，企业领导者可以了解整个企业的真实状况，从而做出更加明智的决策。

（4）大数据决策利用的是过程数据，而不是结果数据。大数据可以将在过程中产生的数据记录下来，并记录数据的变化。人们通过分析数据可以找出问题产生的具体原因，可以预测事件未来的发展趋势，然后提前制定应对措施。例如，超市利用销售额模型可以发现蔬菜销售额下降的问题。一般情况下，肉类、食用油和蔬菜的销售额之比是 10∶6∶8，但是它们今天的销售额之比是 10 : 6 : 4，这样的变化是由什么原因造成的呢？是商品质量的原因，还是商品摆放位置的原因，还是其他的原因？这些问题都可以由大数据做出解答。当然，销售额模型需要由商场自行开发。

（5）大数据决策非常重视预测性数据。大数据决策可以使用神经网络技术、回归分析技术、随机树技术和时间序列分析技术实现一定程度的预测。例如，工厂管理者可以通过分析连续制造工厂中的温度数据及其他运行数据来避免长时间运行机器而导致的事故。

第二节　大数据环境下的消费者行为分析

一、消费者在线行为

消费者在线行为是指借助网络工具购物过程中发生的行为。网络工具包括大众所熟知的电商平台、短视频直播平台等。从借助网络工具搜索到完成消费的整个过程主要分为确定需求、搜索相关信息、评估比较方案及购买、购后评价四个阶段。

（一）确定需求

如今，消费者购买的大部分商品是非必需品。随着经济水平的提升，消费者不再只购买衣食住行等方面的必需品，非必需品的消费支出逐渐增加。商家可以借助大数据追踪消费者的网购行为，进而构建精准的用户画像，这对商家提升转化率非常有帮助。

（二）搜索相关信息

消费者根据自己的兴趣爱好、购买需求和购买经历等，借助网络工具搜索自己需要的物品。商家则可以利用大数据对消费者的消费频次、消费爱好和搜索习惯等进行分析，了解消费者的偏好，进而推出合适的商品。

（三）评估比较方案及购买

评估比较方案及购买受到消费者的消费水平、消费习惯和消费喜好的影响。商家可以对这两个环节进行分析，如分析消费者的浏览轨迹和成交订单等相关数据，找出自己的不足之处并及时改正，进而提升自己的竞争力。

（四）购后评价

商品评价对其他消费者是否购买某个商品有很大的影响。部分消费者很在意差评，如果某个商品的差评数量较多或消费者无法接受差评，那么即使该商品的简介再详细，消费者一般也不会购买该商品。因此，商家要关注消费者购买商品后发表的评价，针对评价找出商品存在的问题，并及时改善。

二、消费者在线行为数据分析

对消费者在线行为进行数据分析一般采用漏斗分析法。漏斗分析法从字面上理解就是用类似于漏斗的框架分析事物的一种方法。漏斗分析法所使用的漏斗图适用于多个行业，它能及时地反映电商平台存在的问题。例如，漏斗图可以反映如下问题：消费者从进入网站到浏览商品的转化率是45%，从浏览商品到加入购物车的转化率是33%，从加入购物车到确认订单的转化率是12%，从确认订单到支付成功的转化率是9%。将上述数据与行业数据进行对比，电商平台就能找出自己的不足之处，根据实际情况加以改进。以确认订单流程为例，如果行业的平均转化率为 15%，自身的转化率为 10%，这就表明自身与行业的平均水平存在一定的差距。

综上所述，在大数据环境下，数据时时刻刻都会产生，企业要在海量的数据中寻找自己需要的数据，对消费者在线行为进行系统的分析，而且这些工作要在平时完成。企业管理者要动员全体员工积极参与数据分析。如此一来，企业的预算编制会更加精准，企业的收入也能得到相对准确的估算，员工完成企业目标的意愿将变得更加强烈。

第三节　大数据与新媒体运营的关系思辨

一、大数据是新媒体产业链生存发展的基石

从新媒体产业链的角度来看，大数据已经成为新媒体产业链生存发展的基石。

（一）新媒体机构的本源是数据

新媒体在持续运营过程中会产生大量的数据，如非结构化数据和结构化数据等。这些数据是新媒体最重要的资产。例如，亚马逊、Facebook 和谷歌等企业在发展过程中积累了大量的数据。亚马逊收集了大量的商品信息，这让它成为世界上最大的商品数据库之一；Facebook 所拥有的社交网络使它成

为世界上最大的人际关系数据库之一；谷歌所建立的搜索引擎使它成为世界上最大的索引数据库之一。由此看来，不同类型的企业收集的数据有所不同，这意味着它们所采用的商业模式必然有所不同。随着社会的发展，那些拥有独特数据资产的企业必将具备核心竞争力及其他企业无法比拟的优势，而且会发展出独特的商业模式。另外，亚马逊、Facebook 和谷歌等企业因具有庞大的数据资产，所以比其他科技企业更了解市场动向，因此它们可以为产业的发展方向提供指引。

每个人使用新媒体都会留下痕迹，包括每一次上传、点击、评论和选择等。通过信息技术，这些使用痕迹会被转变为数据并被保存下来。通过数据分析，新媒体可以推测用户的消费能力、显在与潜在的需求、兴趣爱好、所在位置、受教育程度、性别和年龄等信息，继而确定或完善营销手段及服务和产品，以满足用户的多样化需求。同时，数据分析也可以帮助新媒体生产新的信息产品，将信息产品提供给有需要的用户，进而提升新媒体的核心竞争力。

（二）基于网络与新媒体环境的数据服务机构出现

新媒体的快速发展促使更多基于新媒体需求、渠道和新媒体传播环境的数据服务机构出现，这也是新媒体产业链中关键的一环。这些数据服务机构可以对新媒体传播效果进行快速的评估和测量。在传统媒体占据主导地位的传播环境中，以中国广视索福瑞媒介研究（CVSC-Sofres Media，CSM）、央视市场研究（CVSC-TNS Research，CTR）、赛立信等为代表的数据监测与服务机构以第三方的角色发挥了极为重要的作用。

随着时代的发展和社会的进步，新媒体的形式不断发展和成熟。互联网的普及意味着信息传播的方法和形式发生了巨大的变化，这也推动了新媒体数据服务机构的出现。随着市场的发展和成熟，尼尔森网联等一系列专业性较强的数据服务机构出现在大众视野中。尼尔森网联是一家为数字电视提供服务的收视数据提供商，它可以收集百万户级的样本并测量用户的收视行为。艾瑞网是我国较早成立的一家专注于互联网用户研究的咨询机构，它拥有庞大的国内网民网络行为监测数据，覆盖数千家网站和众多软件，它还将业务延展到电子商务、移动互联网、网络游戏、网络广告和网络营销等领域，为互联网的管理、营销及运营人员提供丰富的行业数据。在国外，创立于 2008年的 Gnip 是 Twitter 在数据收集方面的合作伙伴，它不仅可以收集 Twitter 用户发表的推文，将其收编、翻译成可利用的数据集，还可以将这些数据集提供给企业用户，不断扩大数据集并提高数据集的使用率。当然，这些数据集将成为企业制定营销策略和工作规划的重要依据。

（三）新型广告营销机构出现

新媒体的出现使媒体环境和传播环境发生了极大的变化，不仅催生了新的媒体传播秩序和媒体类型，还催生了新型广告营销机构。在这种情况下，新媒体产业链也会发生相应的变化。实时竞价广告技术（Real-Time Bidding，RTB）及其生态系统的出现与成熟就是一个典型的例子。

二、大数据改变了新媒体的内容运营模式

在我国，不少新媒体运用大数据开展内容运营。例如，依托百度的大数据，爱奇艺发现每天有很多网民会在网上搜索菜谱，但搜索结果大部分都是图文信息。于是，爱奇艺打造了《美食每刻》这档自制栏目，将网民经常搜索的菜肴的制作方法做成视频节目，并由百度进行关键词关联和推荐。依靠这个模式，爱奇艺实现了 300% ～ 400% 的业绩增长。继《美食每刻》之后，爱奇艺的"蒲公英计划"又推出了《城市榜单》，该节目经常会去寻找一些容

易被人们忽视的小店。总体而言，大数据技术能从内容生产、内容编排与推荐、内容营销和版权交易等多个方面对新媒体的内容运营产生影响。

三、大数据可以直接形成产品，带来全新的商业模式

大数据对新媒体的另一项重要影响是，只要对大数据的使用得当，大数据就可以直接形成新的产品，从而给媒体机构带来新的盈利点，甚至创造全新的商业模式。

目前，大数据已经成了不少企业的核心生产力，成了驱动应用创新和商业变革的重要力量，人们的生活也会因此而发生重大改变。淘宝网大量采集和存储用户的交易数据，将这些数据存在云存储系统奥星贝斯（OceanBase）中，这可以帮助淘宝网实现从交易平台到生态圈的角色转变，完成从通过平台销售获利向通过数据获利的模式转变。

在海外，利用大数据开发新产品的例子也非常多。例如，沃尔玛曾设计了一款基于 Facebook 的小软件，用于挖掘用户数据，并促进在线销售。该软件的名称为 Shopycat，用户下载安装并授权之后，这款软件会获取用户的好友清单，然后收集用户参与活动的信息和兴趣爱好信息，最后创建礼品建议清单。通过这款软件，用户可以检索自己需要的信息，如按照兴趣进行检索，收集软件推荐的礼品清单，从中选择合适的物品并直接点击购买。例如，Shopycat 会根据某位用户经常发表针对波士顿红袜（Boston Red Sox）棒球队的评论而推测出他是红袜棒球队的球迷，进而向他推荐相关的产品。另外，Shopycat 会分析用户喜欢的或爱分享的信息，进而确定适合向用户推荐的物品或信息，如健身信息、"哈利·波特系列"图书等。Shopycat 主要在 Hot Topic、ThinkGeek、RedEnvelope、沃尔玛零售店和沃尔玛网店等网站检索符合用户需求的商品，还会联合其他网站提高匹配率，以满足用户的个性

化需求。

四、大数据可以有效提升用户体验

用户体验是评价新媒体最重要的指标之一。对新媒体来说，用户体验好坏在一定程度上反映了其营销策略是否合理和市场规划是否得当。当然，大数据在其中发挥着重要的作用。以互联网产品为例，遵循微创新、迭代和简单这三个原则往往可以提升用户体验。大数据可以从以下几个方面提升用户体验。

（1）企业可以在大数据的基础上建立用户体验监测模型，以此检测产品是否符合简单原则。例如，漏斗模型是一种监测用户行为的模型，它可以对用户使用产品的关键触点及各触点之间的转化率进行检测并计算，最后得出结果。以电商购物为例，这些关键触点主要包括查看商品详情、将商品放进购物车、下单、支付等。企业可以通过检测各触点的转化率来评估用户体验。用户使用产品的关键触点越少，相应的转化效率就越高，用户体验也就越好。

（2）大数据可以促使产品更快、更好地迭代，从而提升用户体验。例如，A/B 测试方法是亚马逊经常使用的测试方法，它可以帮助亚马逊改善产品。简单来讲，这种方法是指为实现同一个目标制定两个方案，再将这两个方案分别应用于不同的用户，然后通过检测用户点击率等数据及时获取效果数据，以选定更符合用户需求的方案。谷歌会采用 A/B 测试方法来监测新上线的软件或功能，看哪个方案更符合设计目标。当然，设计两个方案必然会花费更多的人力、物力和财力。因此，一般来说，企业只会设计一个方案，并随机抽取一定数量的用户进行测试，最后借助大数据实时跟踪这些用户。企业会将所抽取用户的数据与之前方案的效果进行对比，从而确定新方案是否可行。这种方法简化了操作流程，使企业能够更加迅速地获取产品的使用信息，进而及时更新营销方案。

（3）大数据可以促进产品的改进与创新。口碑是评估一个产品是否具有创新性，以及产品的营销策略是否符合产品特性和用户需求的重要因素。某个产品一旦形成口碑，就代表该产品符合用户的需求，而大数据能够帮助企业及时评价产品口碑。例如，通过爬虫工具，企业可以及时获取用户在电商、论坛和微博等平台上的评论信息，然后采取自然语言处理的方式对评论进行深度挖掘，以此计算产品的推荐度，获知产品的口碑情况。当然，大数据也可以帮助企业及时了解产品存在的问题，促进产品的改进和创新，进而提升用户体验。

五、大数据颠覆了基于传统媒体的营销体系

借助大数据技术，新媒体营销体系应运而生，这颠覆了原来基于传统媒体的营销体系，同时也改变了基于传统媒体的营销环境。

以营销流程为例，大数据对营销流程产生的影响尤为明显。具体影响如下。

（1）洞察能力。通过大数据技术，企业可以更加快捷、精准地掌握用户使用产品过程中产生的信息，而广告营销机构也能重新聚合碎片化的信息，从而准确把握用户需求。

（2）营销策略。营销策略主要根据企业收集的信息来制定。在这个方面，大数据技术可以帮助企业获得海量的信息。企业可以通过数据分析和数据处理为营销提供技术支持和决策支持。对营销而言，创意是最核心的部分。但是基于传统媒体的营销体系需要耗费一定的人力才能制定出既符合营销目标又有创意的营销策略。而新媒体营销体系通过大数据技术收集和分析大量的数据，可以更加快速地确定营销创意。

（3）效果评估。企业可以根据营销结果评估某个产品是否符合目标人群的需求，以及营销方案是否得当。企业使用大数据技术可以迅速地掌握现在的营销效果甚至未来可能会出现的情况，以达到实时追踪营销效果的目的。当然，企业使用大数据技术还可以制定更多的评估方法和评估指标，从而提升营销效果的检测效率。

利用大数据进行创新的营销案例十分常见。例如，金霸王为旗下的充电宝产品投放的视频广告的创意灵感就来自消费者在社交平台的各种评论。因此，大数据可以有效地改善用户体验和网络广告的投放效果，进而提升营销效果。

六、建设大型数据中心成为新媒体机构的重要战略发展规划

大数据对新媒体产业发展的另一个重要影响在于，越来越多的新媒体机构已经认识到了大数据对自身发展的重要性，因此将更多的费用投入到了大型数据中心的建设上。

例如，谷歌的数据中心有遍布全球的趋势，谷歌已成为数据中心建设方面的标杆。再如，美国艾奥瓦州康瑟尔布拉夫斯有一根巨大的天线，它为谷歌光纤接收信号。谷歌宣布部署基于光纤的家庭互联网服务计划，该计划通过提供每秒千兆字节的连接速度（比当时的平均速度快 100 倍），震撼了规模为 600 亿美元的美国宽带产业，这些光纤将成为家庭电视接收信号的主要介质。

Facebook 在俄勒冈州普林维尔建立了数据中心。与一般的数据中心相比，该数据中心的建造成本低了 24%，但能效高了 38%。

Facebook 定制了数据中心的许多元素，从定制专用的电力输送系统（电压是 277 伏而不是传统的 208 伏，从而消除了降压）到制作专用的最小化硬

件。Facebook 的服务器高度略微超过 6.7 厘米，采用精简的设计来减轻重量并减少材料消耗。这些服务器没有喷漆、徽标和贴纸，也没有前面板，硬件材料比典型的服务器所使用的材料少了 22%。选择更大的尺寸是为了容纳更大、更高效的风扇和散热片。除了数据中心的基础设施，Facebook 在保密性方面也采用了与众不同的做法。Facebook 没有将普林维尔数据中心的技术细节视为专有信息，而是将这些信息公开，通过开放项目对外提供服务器、机柜、电气及机械方面的规范。

IBM 则斥资 3.62 亿美元在三角研究园（Research Triangle Park）兴建了为 IBM 全球用户提供服务的数据中心。该数据中心占地 5 000 多平方米，可扩建至 9 000 多平方米。IBM 称，该数据中心的能耗大幅减少，对所用的材料也做了回收利用处理。目前，IBM 的官方网站、美国高尔夫协会、北卡罗来纳州立大学等用户已将部分应用系统交由该数据中心托管。

第四节 大数据环境下传统媒体与新媒体的融合发展

新媒体的出现让人们之间的沟通交流更为便捷，在新媒体迅速发展的同时，传统媒体似乎渐渐被人们遗忘。事实上，新媒体和传统媒体是一体两翼，是无法被剥离开的，若想让传统媒体跟上新媒体发展的脚步，二者势必要融合发展。

一、新媒体和传统媒体融合的必要性及意义

新媒体的崛起使传统媒体面临较大的竞争压力，但传统媒体的根基依然深厚。因此，根据新媒体和传统媒体的特点，有效地将二者融合才能实现新媒体和传统媒体的双赢。

（一）传统媒体仍然具有较大的影响力

传统媒体已有百年的发展历史。提到传统媒体，大部分人都会想起广播、电视、报纸和杂志，这足以说明传统媒体在每个人的心中都占有一席之地。不得不说，传统媒体是整个媒体行业发展的基础，如果放弃了传统媒体已经成型的体系，新媒体的发展也会受到影响。而且，很多人都忽略了一个事实：人们对传统媒体的信任要强于新媒体。因此，虽然传统媒体在时效性方面比不上新媒体，但传统媒体仍具有较大的影响力。

（二）新媒体发展环境鱼龙混杂

新媒体正在迅猛发展，它能切实与人们的日常生活相融合。人们通过搜索相关的关键词就能获得想要了解的信息，这种互动性极强的服务是传统媒体无法提供的。由于传统媒体受到诸多方面的限制，所以对用户信息的收集和反馈不及时，这也是人们更加青睐新媒体的原因。新媒体充分运用网络，将各个平台连接起来，几乎覆盖了所有人。即便是不刷微博或不刷短视频的人，也能通过 QQ 看点、微信公众号等或多或少地了解一些新闻。新媒体正在迅速发展，不少人觉得新媒体是一块"肥肉"，想要依靠新媒体赚钱。在这种情况下新媒体发展的环境变得鱼龙混杂，抄袭、传播虚假信息等现象层出不穷。由此可见，即使新媒体获得了人们的青睐，但是如果没有传统媒体的引导，它的发展也会举步维艰。传统媒体与新媒体同属于媒体产业，两者并非对立关系，合作共赢才是正确的发展方向。

（三）优势互补，实现共赢

大数据之所以强大，主要原因在于通过大数据可以分析用户需求。新媒体的优点在于能够运用大数据分析用户需求，帮助用户解决难题，为用户提供更优质的内容和服务，并提供良好的体验。新媒体不仅能满足用户的相关需求，还比传统媒体具备更强的感召力，有助于建立立体的社会结构，更好地促进社会发展。但是，如果没有传统媒体奠定基础，也不会有新媒体的快速发展。实际上，人们更愿意接受权威的传统媒体的观点。新媒体和传统媒体各有优势，应该将两者的优势最大限度地发挥出来，让两者优势互补、实现共赢才是上上之策。

二、新媒体与传统媒体的融合发展对策

（一）引导舆论，占据主体地位

与传统媒体相比，新媒体拥有明显的优势。但新媒体具有局限性，这种局限性在新闻传播方面体现得非常明显，如果不尽快改进相关问题，新媒体未来的发展可能会受到影响。

我们要将传统媒体与新媒体融合，以传统媒体为主导，结合新媒体，在保证传统媒体提供全面信息的基础上，弥补传统媒体受时空限制的不足。社会舆论的整体风向和新闻的准确度都需要由媒体把控，媒体必须发挥引导作用。在舆论引导方面，新媒体高效灵活，能更快地反馈社会的声音，同时增强新闻传播的互动性，而传统媒体提供的新闻更具权威性和可信度。因此，将传统媒体和新媒体结合起来，既能保证新闻的真实性，也能加强新闻的时效性。

（二）发挥新媒体和传统媒体各自的优势

在促进新媒体和传统媒体的融合时也要注重保持传统媒体的特点。新媒体和传统媒体的融合本就是新中有旧、旧中有新，是结合二者优势实现最大化发展，而不是一者完全取代另一者，更不是机械地将二者组合在一起。在融合新媒体和传统媒体时，要牢记二者各自的特征，根据二者的特点和价值制定适合二者协调发展的方案，使新媒体和传统媒体在融合过程中都能实现创新发展，都能为经济社会的发展贡献力量。与新媒体相比，传统媒体的传播途径较少、互动性较弱。在新媒体和传统媒体融合发展的过程中可通过分析二者的传播特征，分析线上与线下的传播规律，为二者分配适当比例的工作量，建立多角度、多层次和宽领域的新型互动平台，实现二者的同步发展。

在大数据时代，一方面信息传播速度更快，另一方面信息的内容更全面，涉及的范围更广泛。如果没有大数据的助推，那么传统媒体恐怕会局限在自己的小天地里。长此以往，只关注传统媒体的人会发觉自己好像与整个时代脱节了。因此，大数据的出现既是机遇也是挑战。我们要抓住机遇，更要直面挑战，将新媒体的优势与传统媒体的优势充分结合，利用信息技术打出一套组合拳。

（三）建立交流平台，促进文化交流

随着新媒体的出现，人们获取新闻和其他信息不再仅仅依靠电视、报纸和广播，而是越来越依赖计算机、手机和平板电脑等。由于后者的功能更齐全，所以更加受到人们的青睐。让人们回到过去那种通过听广播、看报纸来获取信息的生活是不现实的。因此，传统媒体应该充分理解新媒体的特点，结合当今用户的需求，进行供给侧结构性改革，从优化内容转型为优化服务。例如，每个人都有好奇心和分享欲，但是传统媒体难以满足我们看完新闻后想要与他人分享和交流的需求。此时，媒体可以搭建交流平台，让网友们发表自己的看法，促进交流，实现新旧媒体的共同繁荣。

　　传统媒体与新媒体的融合发展已是大势所趋。相信二者有效融合之后，人们获取信息会越来越方便，生活会变得更加丰富多彩。

第四章

大数据驱动下的新媒体运营体系研究

4

第一节　新媒体运营的数据处理体系构建

一、新媒体运营的数据处理体系构建的基本过程

（一）数据处理体系构建的基本要素

运营新媒体要充分了解和使用大数据技术，并建立一套完善的数据挖掘系统。一般而言，在构建新媒体机构的数据处理体系时要从受众的角度出发。构建数据处理体系主要可以从以下两个方面入手。

1.数据库与数据处理体系构建的三个阶段

在建立数据处理体系时从受众的角度出发主要是为了将数据获取分为三个阶段——使用前、使用中、使用后。

第一阶段：在用户使用媒体产品之前，新媒体机构会经过充分的数据收集和分析，筛选目标用户，建立对应的数据库，只有这样才能为用户提供更好的服务。在建立数据库前，新媒体机构还可以通过市场调研获得行业的发展前景及竞争对手的发展数据，这样既能了解自身，还能通过分析竞争对手的数据来取长补短。此外，新媒体机构还应该对同类机构做必要的数据分析和市场调研，对自身的发展做出预测，以便更好地发展自身的数据处理体系。

第二阶段：新媒体机构收集和分析用户在使用过程中产生的数据，熟悉用户的使用特点和习惯，进而准确地对用户进行分类。用户在使用媒体产品的过程中会产生一些使用效果反馈信息，这些信息属于自主信息，能够帮助新媒体机构优化产品质量和服务。

第三阶段：新媒体机构收集用户使用产品后的感受数据并分析这些数据。

具体来讲，要收集的数据有产品体验数据、消费者对产品的评价、产品与市场中竞争产品的对比数据、合作伙伴对产品的反馈等。

2. 构建数据库与数据处理体系的四个步骤

构建数据处理体系一般可以分为采集、导入和预处理、统计和分析、挖掘四个基本步骤。

数据采集是指利用多个数据库来接收来自客户端的数据。在数据采集的过程中，主要挑战是并发数高（指在同一时间访问网站的人数，人数越多，瞬间带宽要求就越高），因为可能同时有成千上万的用户在访问和操作。例如，火车售票网站和淘宝网的并发访问人数在峰值时可以达到上百万人甚至上千万人，所以需要在采集端部署大量数据库才能支撑网站的正常运行。如何在这些数据库之间进行负载均衡（Load Balance，即将操作分摊到多个操作单元上进行）和分片（互联网协议允许 IP 分片，当数据包比链路最大传输单元大时，就可以被分解为足够多的小片段，以便数据包能够进行传输），的确是需要深入思考的问题。

虽然采集端本身会有很多数据库和不同的数据类型，但是要想有效地分析这些海量数据，就应该建立一个集中、大型的数据库，将这些前端数据导入数据库中进行分析，或者将数据存储至集群中，同时还要对基础数据进行清洗和预处理。

目前，数据导入和预处理的速度非常快，可以达到每秒百兆字节甚至千兆字节。

在统计和分析数据阶段，尤其是对海量数据进行分类汇总和分析归纳时，主要使用分布式计算集群或分布式数据库，以满足大多数常见的分析需求。统计和分析数据时的主要挑战是保证这些数据不会大量地占用系统资源。

数据挖掘主要是对数据进行计算，并在一定程度上对数据进行预测，这个过程可以让一部分高级需求得到满足。数据挖掘的主要挑战是如何处理非常复杂的挖掘数据算法。

（二）新媒体机构获取数据的基本方法

在新媒体机构建立大数据处理体系的过程中，正确地获取相关数据是非常重要的一步。

1. 获取数据的四种基本方法

通常情况下，新媒体机构会使用搜索获取法、Agent 法、扫描法和载体监听法获取数据。

搜索获取法可以被分成两个部分：搜索下载方法是指利用搜索引擎将需要的数据搜索出来并把数据下载下来；搜索抽取方法是指找到下载好的数据的数据源，对数据源进行分析，在此基础上建立数据获取程序，然后获取数据。Agent 法是指在数据源服务器中植入一个 Agent，Agent 发挥监控的作用，当服务器产生新数据时，这些数据会被自动传输至指定的服务器。扫描法是指开发扫描程序，扫描各种数据服务器中的数据，从中抽取相关数据。载体监听法是指通过监听载体截取相关数据。

2. 具体案例

网络爬虫是搜索引擎非常重要的一个组成部分，它有不可替代的作用。网络爬虫可以自动获取网页中的内容。具体来讲，网络爬虫可以分成传统爬虫和聚焦爬虫。

一般情况下，传统爬虫从初始网页的统一资源定位符（Uniform Resource Locator，URL）开始获取信息，第一步是获取初始网页的 URL，与此同时将新的 URL 导入网页，该步骤一直持续到系统停止。换句话说，这个过程就是通过解析源码获取需要的网页内容。相较于传统爬虫，聚焦爬虫的工作流程相对复杂。在导入 URL 时，聚焦爬虫需要先对网页的数据进行分析和筛选，将无关链接过滤掉，把筛选出来的链接放入等待抓取的 URL 队列中；之后，聚集爬虫要根据对应的策略搜索选择接下来需要抓取的 URL，然后反复操作，直到满足一定条件才停止。

（三）新媒体机构对数据的整理与筛选

搜集来的数据只有经过整理和筛选，才能被收集者用于数据挖掘和分析。

通常情况下，整理和筛选数据分为三个步骤：处理空缺值、处理噪声数据和数据的一致化整理。处理空缺值主要是指对相关属性的空缺值进行处理，如采用常量填充等。处理噪声数据是指处理在测量过程中随时会出现的误差，或者处理失真较为严重的数据。数据的一致化整理是指分析和对比不同数据源，找出其中的冲突之处，再进行相应的数据转换。

接下来，以中央电视台（以下简称"央视"）音像资料馆的建设情况为例说明新媒体机构的数据整理与筛选过程。

目前，央视播出的所有内容都收录在央视音像资料馆中，不管是自主生产的内容还是外购的内容，都收录在其中。未来，央视音像资料馆会将这些内容按照不同的标准进行分类，例如，按照版权、使用程度、频率等进行分类。

央视音像资料馆每天接收的内容的总时长可以达到 300 小时，一年可以为央视的节目生产提供 20 000 小时左右的资料上载时间。央视一共建立了 9 个磁带库房，磁带库房的面积超过了 3 600 平方米，央视音像资料馆中还有很多音像资料录像带，数量超过 100 万个，央视还设置了能够储存 124 万个磁带介质的空间。根据类别的不同，我们可以将央视音像资料馆中储存的内容分为综艺、新闻、素材、影视剧、体育、专题和纪录片等。

央视音像资料馆需要对这些内容进行编目，只有这样才能开展存储和管理工作。央视音像资料馆一共设置了 4 个编目区域，编目生产线达到了 10 条，编目工位数量达到了 200 个。央视音像资料馆开展编目工作时严格遵循《广播电视音像资料编目规范》与《中央电视台音像资料编目细则》中的要求，对数据进行四个层次的划分，这四个层次分别是镜头层次、场景层次、片段层次和节目层次。在筛选镜头内容时，遵循的主要标准是镜头的利用价值及镜头本身的珍贵程度。

完成编目工作之后，央视音像资料馆会对节目资料进行数字化处理，将其变成数据，这个处理过程主要有 10 个步骤，分别是资料筛选、磁带清洗、预处理、上载、质量控制、存储管理、编目下发、编目标引、编目审核、应用。在这 10 个步骤中，资料上载环节涉及的通道一共有 24 个，其中，工作站点采集通道有 18 个，机械手采集通道有 6 个。节目资料的上载方式有两种，一种是视频服务器上载，另一种是数字化工作站上载。在节目资料数字化的过程中还会生成两项数据：一项是在归档保存过程中运用的高码率音视频数据，另一项是在编目检索和网络发布过程中运用的低码率音视频数据。

央视音像资料馆采用多点协作的工作方式。在编目检索阶段，审核人员在审核节目时会按照四层方式进行编目。在用户应用阶段，节目编排人员会将节目资源投放到已有的 7 个下载工作站和软件中，让用户通过多个渠道复制和转录节目。

（四）数据挖掘与数据分析

1. 数据挖掘与数据分析的常见任务

数据挖掘与数据分析的常见任务有聚类分析、分类分析、关联分析、异常分析、特异群组挖掘和演变分析等。

聚类分析是指对分析对象进行物理或抽象的集合分组，并将类似对象归类的分析过程。例如，在分析电子商务网站的用户时，聚类分析会对浏览行为相似的用户进行分组，然后整理出他们的集体特征，进而更好地帮助电商网站了解用户，为用户提供更加优质的服务。

分类分析是指描述数据类模型、区分数据类模型。分类分析可以帮助确定预测模型属于哪种类型。举例来说，用户的信誉可以分成三类：良好、普通和较差。分类分析可以将信誉等级的显示模型设置为：年收入在 10 万～ 50 万元、年龄在 30 ～ 45 岁、住房面积大于 100 平方米的用户信誉良好。通过这样的设置，分类分析可以通过评估新用户的特征来预测其信誉等级。

关联分析是指将数据之间的关联关系通过相应的关联原则进行描述。例如，在分析超市的交易数据时，可以得出"如果家庭成员中有婴幼儿，85%的男性在购买纸尿裤的同时还会购买啤酒，而且购买纸尿裤的次数占购物总次数的 8%"这个结论，纸尿裤与啤酒的关系就是通过关联分析得出的。

异常分析是指在收集对象数据的过程中，分析与大部分数据相差甚远的数据。例如，当我们在分析信用卡的使用模式时，对于存在异常数据的对象，可以通过异常分析找出其行为的不同之处。这种分析方法在检测网络入侵、甄别欺诈等方面发挥着非常重要的作用。

特异群组是指在既定的大数据集群中存在一小部分相似的数据对象，这些数据对象与大多数数据对象不同，它们组成异于平常的群组，这种群组具有低密度、高价值的数据形态。在挖掘、聚类和检测特异群组时遵循的主要判定标准是数据的相似程度。有的特异群组可以被应用到更广泛的领域中，如证券交易、智能交通、社保和网络社区等。

演变分析是一种用于预测未来形势的分析技术，这种技术能够根据对象的行为习惯分析相关的规律和趋势并建立模型。例如，演变分析可以用于股票交易数据分析。

2. 两大数据挖掘对象

数据挖掘对象可以分为一般数据源和特殊应用数据源。

挖掘一般数据源时，序列挖掘的数据对象是有时间顺序和位置顺序的相关数据，如银行中的证券数据或超市中的交易数据等；文本挖掘的数据对象是与文本资料有关的数据，如网页中的文本数据、电子图书中的文本数据等；Day-by-Day 挖掘的数据对象是与个人行为有关的数据；空间挖掘的数据对象主要是环境监测、交通控制、数字地图等与空间相关的数据。

挖掘特殊应用数据源时，网络数据挖掘的数据对象是网站的结构数据、日志数据等，交易数据挖掘的数据对象是交易的金额、时间、商品、账号等与交易相关的数据。

（五）数据可视化

数据可视化作为数据挖掘的重要步骤，能以极快的速度吸引用户，让用户感受到数据的魅力。通过最适合的方式展示数据，充分展现数据的含义，这就是数据可视化的价值。

1. 数据可视化的含义与目标

（1）数据可视化的含义。数据可视化（Data Visualization）和信息可视化（Information Visualization）是意思比较相近的两个专业名词。从狭义的角度来看，数据可视化是指用统计图表的形式呈现数据，而信息可视化是指将并非数字化的信息可视化。前者是信息的传递，后者是概念、信息、技术的抽象化、复杂化表现。从广义的角度来看，数据可视化属于信息可视化，因为信息可以分为数字化信息和非数字化信息。

整体而言，可视化是数据、信息及科学等多个领域图示化技术的统称。Visualize 是动词，即生成符合人类感知的图像，通过可视化元素传递信息。Visualization 是名词，表达使某物、某事可见的动作或事实，是将某个原本不可见的事物在人的大脑中形成一幅可感知的心理图片的过程或能力。可视化技术是指借助人眼对外在事物的感知能力把数据变得可视的一种技术，该技术主要是借助交互方式来增强人们的认知，它最大的作用是让难以被看见或难以被呈现的数据变成人们可以看见和感知的内容，如符号、图像、动画或纹路、颜色等，以实现信息的传递。

因此，数据可视化一般被视为生成图像的过程。更深层次地看，可视化其实是一个认知过程，也就是将具体的事物图像化，加强用户对事物的认知和理解。

（2）数据可视化的目标。数据可视化与数据挖掘、商业智能、商业分析及企业报表共享一个最终目标：实现由信息化支撑的商业决策。即数据可视化主要是探索数据及发现洞见的手段。它既不是为了生成实时报表，也不是为了生成美观的图表。

邱南森（Nathan Yau）在其著作《数据之美：一本书学会可视化设计》中强调了要将数据可视化看作一种媒介而不仅仅是一种特定的工具。可视化是展示数据的一种方式，是对现实世界的抽象反映，与书写的文字一样，可以用来讲述不同类型的故事。可以说，可视化的最终目标是对事物规律的洞悉。

2. 数据可视化的发展历程

虽然可视化是一个伴随着大数据发展起来的概念，但是利用图表表现数据的行为却由来已久。陈为等人在《数据可视化》一书中提出，可视化与山岳一样古老。在中世纪时期，人们就开始使用包含等值线的地磁图，以及表示海上主要风向的箭头图和天象图。

史蒂芬·菲尔（Stephen Few）在他的论文《数据可视化的人类感知》中表示，早在2世纪人们就已经将数据排列成表格。但是，直到17世纪才真正出现将定量信息用图形化呈现的思想。1644年，荷兰的天文学家及制图师米迦勒·弗洛伦特·范·朗伦（Michel Florent Van Langren）首次生成统计数据图表，展示了西班牙中部城市托莱多和意大利罗马之间的经度距离估算。一个半世纪后，苏格兰工程师及政治经济学家威廉·普莱费尔（William Playfair）提出了折线图、条形图、饼图等图形分类。

可以说，数据可视化发展史与人类现代文明的启蒙和科技的发展一脉相承。

3.数据可视化的表现

数据可视化的表现形式有四类，即示意图、统计图、地图和象形图。

示意图的表现形式相对固定，主要通过插图的形式表现难以描述的概念、事件等内容。除了插图，示意图还会增加图标等元素。而且，插图的形式多种多样，我们既可以用计算机制图，也可以用照片合成插图。

统计图的特点是可以鲜明地呈现不同数据的对比。统计图包括折线图、柱状图、饼状图等。在表现手法上，我们可以根据具体需要绘制平面图或立体图。相比于平面图，立体图更具视觉冲击力。此外，统计图还可以加入一些生动的视觉元素，如透视效果、丰富的色彩搭配等。

设计地图时需要把实际生活中的三维地理环境变成二维地理环境。通常情况下，地图中的数据比较精准。

象形图通过图像简单明了地表达信息。象形图与示意图的差异主要在于：第一，象形图往往不需要文字的诠释，而示意图往往采用图文结合的形式；第二，相比于示意图，象形图更加简洁明了，能够抽象地展示事物形象。在实际的应用过程中，象形图一般都是一套一套地设计，以便形成统一的视觉形象。

二、新媒体运营的数据挖掘及数据处理体系搭建案例

（一）百度的数据挖掘与数据处理体系

百度作为全世界较大的中文搜索引擎，已经建立起几千亿数量级的中文网页数据库，极大地提高了用户筛选信息的便利性。用户只要在搜索框中输入搜索对象，就能立刻得到需要的信息。除了搜索引擎，百度还有贴吧、地

图、新闻、百度指数等拓展业务，这些业务正常运行的基础是海量的数据。

1. 百度的数据来源及分类

（1）百度的数据来源。百度的数据来源主要包括互联网、用户和第三方。

首先，互联网本身就是一个拥有海量信息的平台，为百度提供了大量的数据。互联网的暗网数据是指不能被一般用户访问，只能通过动态网页技术获取的数据，这类数据与使用普通的搜索引擎直接获取的数据有很大的不同。当然，这也是互联网为百度提供的一种数据。搜索引擎的出现如同在地球海洋上空布下一层"天网"，任何信息都可以在这张"天网"下被找到，但这些信息只是流动于"海洋"表面的信息，在"海底"的深层信息不能依靠一般的搜索引擎查询。

其次，用户也是一个重要的数据来源。这里的用户主要是指个人用户和机构用户。用户数据既包括百度贴吧或百度知道等拓展业务产生的数据，也包括用户在注册时产生的数据，还包括用户安装相关插件时产生的数据等，这些数据都会成为百度的数据来源。百度通过这些数据可以加深对用户的了解，从而更好地服务用户。

最后，第三方是一个不可忽视的数据来源。百度合作的第三方组织包括中国专利信息中心、北大图书馆、国家代码中心、中国四维测绘技术有限公司等，这些合作方不仅可以提供海量的数据，还增强了数据的可信度。例如，中国四维测绘技术有限公司为百度地图提供了大量的数据。

（2）百度的数据分类。对百度来说，数据可以被分为最基本的四类：全网用户行为数据、广告类数据、基础统计数据和人口统计学数据。其中，全网用户行为数据包括搜索行为、浏览行为、点击观看行为及交流互动行为等数据；广告类数据包括百度从旗下各类广告产品中获得的展现量、点击量、点击率、独立访客、独立 IP、每千次展现收入等数据；基础统计数据包括访客数量、浏览量、IP 数、在线人数、访问深度、停留时间、当前访客活跃程度、跳出率和转化率等数据；人口统计学数据包括用户的性别、年龄、收入等数据。

2.百度的数据处理体系

百度于 2014 年提出了"大数据处理引擎"的概念，大数据处理引擎可用于对大数据进行收集、存储、计算、挖掘和管理。百度的大数据处理引擎主要包括三大组件：开放云、数据工厂和百度大脑。

（1）开放云。开放云是百度大数据引擎使用的最基础的架构。开放云是针对数据存储需求比较大的开发者设计的。百度开放云在弹性方面的水准比较高，中央处理器可以被高效利用。相对于其他开放云，百度开放云的成本更低。

（2）数据工厂。数据工厂是百度大数据引擎的中间层。开放云是基础设施，有了硬件能力，就要有软件能力，数据工厂就是百度的软件能力。百度的数据工厂支持多种业务查询场景，支持查询单次百 TB（太字节，2^{40} 字节）的异构数据，支持查询 SQL LIKE 甚至更加复杂的语句。百度的数据工厂还承载着更高级别的扫描、查询工作。当数据工厂处于低并发、大查询状态时，速度可以达到每秒一百千兆字节（GB），该指标在业界遥遥领先。

（3）百度大脑。百度大脑是指百度大数据引擎使用的顶层架构，它需要较好的数据处理基础和数据存储基础。此外，数据算法也要与顶层架构相互匹配。沃斯（Wirth）提出了"程序＝数据结构＋算法"理论，他认为百度大数据引擎类似于程序，它需要使用开放源和数据工厂作为数据架构，要使用百度大脑作为其算法。

百度大脑的能力包括大规模机器学习等。在此之前，这些能力主要被运用于图像、语音和文本识别，以及理解语义、自然语言处理等方面。百度的深度神经网络是全球规模最大的神经网络，拥有 200 亿个参数，还拥有独立的接口描述语言。

3. 百度数据处理的技术和方法举例

每个新媒体机构在进行数据处理时都要运用恰当的处理技术和方法。从百度的数据处理体系来看，较有特点的数据处理技术包括数据抓取方面的百度蜘蛛、数据流计算方面的 DStream、数据分析方面的框计算等。

（1）百度蜘蛛。百度蜘蛛（Baidu Spider）是百度搜索引擎的一个自动程序。它的作用是访问、收集、整理互联网上的网页、图片、视频等内容，然后分门别类地建立索引数据库，使用户能在百度搜索引擎中搜索到网页、图片、视频等内容。

具体来说，百度搜索引擎可以通过百度蜘蛛访问其他网站。百度蜘蛛首先判断网页是否符合搜索引擎的收录条件，如果符合收录条件，百度蜘蛛就下载该网页，然后将其保存到百度数据库里，建立百度快照。当用户搜索某个关键词时，搜索引擎通过自身的排序机制，对快照进行索引排序，然后把排序结果展现给用户。如果网页不符合搜索引擎的收录条件，百度蜘蛛就不会收录，还会通过锚链接访问其他页面，进而重新判断是否收录该网页。

同时，百度蜘蛛也演变出了一些分工更加专业化的变异蜘蛛。例如，BaiduSpider-cpro 负责抓取百度联盟会员站点的网页，以优化推广效果；BaiduSpider-sfkr 负责抓取参加百度竞价排名的网页，以优化推广效果。

（2）百度数据流计算系统 DStream。由于谷歌的计算模型 MapReduce 在效率方面不能满足低延迟的需求，因此百度提出了实时数据流计算模型 DStream。它既能提供灵活的、可伸缩的效率解决方案，又能在数据完整性、高可用性、高可扩展性及收缩性方面达到业界领先水平。这是百度自主研发的国内规模最大的实时计算平台。DStream 面向有向无环的数据处理流及高时效性要求的计算业务场景，最快响应速度可达到毫秒级。

（3）框计算。框计算是指在互联网的需求交互模式下，以简单、可依赖的信息交互机制，为用户提供高智能的数据资源。框计算对应的是大众所熟知的百度框，用户只要在百度框中输入想要搜索的内容，系统就能识别用户需求，为用户提供最优的数据资源，为用户匹配最精准、高效的搜索结果。

实现框计算的关键是对用户需求进行识别和筛选。识别需求是指对用户的需求进行精准定位和准确输出，这项工作涉及智能人机交互、行为分析、语义分析、海量计算处理等诸多领域。例如，有人想要在互联网中找到形容很开心的句子，当这个请求被输入百度框时，会被拆分成20个不同粒度的语义单位。然后，后台会识别这个需求，接着在100亿个网页资源中筛选结果，这个过程可以在不到十分之一秒的时间内完成。在百度框中，每天超过10亿次的搜索请求都可以在极短的时间内获得响应。即使如此，框计算还有很大的提升空间。例如，当用户跨领域搜索网络资源时，框计算应该提高识别能力。

此外，还有指令匹配和数据对接。前者是指既能及时识别需求，又能高效、准确地匹配相应的数据及资源，还能及时发出指令，为用户呈现最精准的框计算结果；后者是指将海量的数据与应用进行同步化、规范化、标准化对接。

（二）谷歌的数据挖掘与数据处理体系

业界普遍认为谷歌是大数据时代的重要开拓者，至少在新媒体、互联网行业是这样。谷歌的大数据技术架构一直都是全球互联网企业学习和研究的重点，也为行业的大数据技术架构树立了标杆。

1. 谷歌的数据来源

谷歌的数据来源有三个：一是互联网；二是用户，包括个人用户和机构用户；三是第三方。

（1）互联网中的开放数据。这部分数据数量庞大、类型广泛，谷歌可以对互联网中的开放数据进行抓取、建立索引等处理，进而开发相应的数据产品。谷歌翻译就是一个非常典型的案例。谷歌翻译是由谷歌推出的一项免费翻译服务，支持的语言超过 80 种。谷歌翻译的译文并不是简单随意呈现的，它需要分析上万篇文档，然后选出最适合的译文。这种通过寻找大量文档数据来呈现最终翻译结果的过程被称为统计机器翻译。如果在此过程中搜索到的人工翻译文档数量比较多，最终呈现出来的译文效果就会更好。

谷歌翻译在训练计算机时会综合考虑检索到的所有译文。它不仅会从各家公司的网站中寻找对应的译文，还会查找联合国、欧盟的官方文件和报告，甚至参考图书译文。虽然输入源很多，但是相比于其他翻译系统，谷歌翻译更加精准，其涉及的内容也更加丰富。

（2）来自用户的数据。谷歌的用户既包括普通的个人用户，也包括各类机构用户，这些机构主要包括使用谷歌广告营销服务的企业、媒体和广告代理机构等。

对于个人用户，谷歌会积极地搜集他们的注册和登录信息，同时也会在用户使用谷歌开发的各类免费、付费的产品、服务和工具时记录、搜集他们的行为数据。例如，用户在谷歌中搜索关键词的行为会被谷歌记录下来并形成搜索日志，搜索数据可以为 AdWords 等广告产品提供支持。

机构用户除了会像个人用户一样留下基本数据，还会使用谷歌的广告产品（如 AdWords、AdSense 等），在此过程中产生的使用行为数据也会被谷歌记录和搜集。谷歌大量积累这些数据之后可为广告主提供分析报告等增值服务，并进一步优化产品功能。

例如，如果用户对流感的搜索量在一段时间内迅速增多，谷歌就可以利用这个数据进行流感预测。谷歌之所以能够做出精确度很高的预测，主要是因为它可以将多年来积累的搜索数据与不断产生的新数据结合起来进行分析。谷歌将 2003 年至 2008 年季节性流感传播时期的数据与美国用户经常使用的关键词加以比较分析，就能推测出这些用户的流感感染情况。

（3）来自第三方的数据。为了运行某些产品和服务，谷歌会通过第三方机构获得数据，这些数据可能是免费的，也可能是谷歌向这些机构购买的。例如，为了获得更准确的地图数据，谷歌向专业的测绘商采购数据。美国的DigitalGlobe、CyberCity等都是谷歌地图的数据供应商。

Twitter和谷歌在2009年10月达成了一份协议，由Twitter为谷歌提供实时消息，消息可以显示在谷歌的搜索结果中。根据该协议，谷歌有权实时访问所有的Twitter消息，并将其展示在搜索结果旁边，谷歌甚至会展示部分付费的Twitter广告。

2. 谷歌的数据处理体系

为了满足自身庞大的数据存储、计算、应用等需求，并为自身产品提供技术支持，谷歌在世界各地建设并运营数据中心，以便完成对大量数据的处理。谷歌在数据中心方面采取的行动如下。

（1）软硬件结合。谷歌以"群组"的概念处理数据，并将计算机能力视为抽象的数据。谷歌认为数据处理是一大群机器一起工作，提供一种服务或运行一个应用。也就是说，谷歌将每一个数据中心视为一台计算机，各类软硬件系统和资源都围绕这台计算机运转，从而完成大规模数据的处理过程。

在硬件方面，谷歌通过数量庞大的机器及数以万计的计算集群实现更快速的数据检索。在软件方面，谷歌强调快速的数据处理能力，强调做好单机运行和数据分析，将报告汇总到集群数据中心以运行文件系统，并高效管理数据中心内部的所有文件。如果某些数据中心无法响应，就要依赖谷歌在全球范围内的存储管理能力，将数据打包分发至其他数据中心，让其他数据中心进行查询和计算处理。

（2）开发多种辅助系统。为了支持软件系统的正常运转并统一管理服务器，谷歌开发了多种辅助系统。例如，谷歌开发了谷歌文件系统，从而拥有了在不同的机器上顺利地传送文件的能力。为了开展云服务，谷歌开发了

MapReduce 系统，它的开源版本 Hadoop 是业界标准。此外，谷歌还开发了自动化决策系统 Borg，用于决定哪台机器最适合完成某项任务。

（3）不断建设数据中心。谷歌在基础建设上的投入有很大一部分被用于数据中心的建设与运维。由于数据规模不断扩大，谷歌每年都要在服务器、数据中心及其他相关设施上投入更多的资金。

（三）亚马逊的数据挖掘与数据处理体系

亚马逊是世界 500 强企业、全球领先的互联网零售商。该公司的数据挖掘与数据处理体系十分完善，主要原因如下：第一，亚马逊需要依靠全世界最大的数据中心搜集消费者信息；第二，无论收购还是并购，都为亚马逊增加了数据来源；第三，作为全球最大的互联网服务商之一，亚马逊的数据服务可产生巨大的经济效益。

1. 亚马逊的数据来源

亚马逊的数据来源有以下三个。

（1）来自消费者的数据。作为电子商务领域鼻祖级的公司，亚马逊已经建立起一套完善的消费者数据搜集体系，除了基本的人口统计信息，亚马逊还将消费者留下的搜索、购买、收藏、支付设置、One-Click 设置、E-mail 通知设置、竞价、帖文、参加的活动、调查表、与客服的联络、许愿单、社交分享信息、个人提醒服务（如来货提醒、特殊情况提醒等）、个人推荐等信息进行数据化处理，将其转变为可用的数据。

（2）运营中主动搜集的数据。亚马逊在运营过程中主动搜集各类数据。例如，亚马逊利用 JavaScript 等软件工具，可以获得页面反应时间、下载错误、特定页面的访问时长、页面交互信息（滚动、点击、悬停）、离开页面的方式等数据；利用搜索引擎 A9 可以获取用户搜索时留下的数据，包括使用谷歌、雅虎等搜索引擎留下的数据；利用 A/B 测试等调查方法可以测试使用者的反应，将得到的信息进行整合，也可以产生有用的数据。

同时，亚马逊的相关媒体产品与服务在运行过程中也会自动搜集并记录用户的相关信息，如用户 IP 地址、登录信息、E-mail 地址、密码、计算机和连接信息（如浏览器版本、时区设置、浏览器插件版本、操作系统、平台）、购买历史、URL 点选流向（到亚马逊、经过亚马逊、离开亚马逊，包括时间、日期等）、Cookie Number、浏览和搜索的产品、拨打亚马逊 800 电话所用的电话号码等。

（3）从合作伙伴处获得的数据。亚马逊致力于全球贸易，进行过大量的收购或并购，它的合作伙伴非常多且分布广泛，合作领域包括品牌、技术、物流、广告等。这些合作伙伴会为亚马逊提供海量的数据，包括退货、订货、购买等方面的数据。

2. 亚马逊的数据处理体系

数据对亚马逊的重要性不言而喻。亚马逊建设数据处理体系时值得借鉴的做法如下。

（1）推行以前端部门和后端部门为主的一级部门架构。2013 年左右，亚马逊的一级部门包括以数字媒体、商业拓展、零售和营销为主的前端部门和以卖方服务、电商平台、运营为主的后端部门。

前端的零售与营销部门负责向市场用户进行产品推广，零售和营销部门按照不同类型的产品进行分工，每 10 个人一组分工合作，并服务于整个部门。与普通的产品不同，数字媒体产品属于虚拟产品。例如，对于在线音乐和 Kindle，需要成立独立的部门开展运营工作。后端的运营部门负责仓储物流，卖方服务部门负责与卖家对接，电商平台部门负责线上操作如线上支付和数据挖掘。卖方服务部门会成立绩效考察团队对卖家进行筛选，留下绩效优良的卖家。

（2）以"前店后厂"为主要模式建设数据中心。"大城市""网络资源"

已经不再是互联网公司数据中心建设的关键词，数据中心规模的扩大使互联网公司更加注重综合效益，它们将目光转向偏远地区，这些地区虽然互联网产业不发达，但调用数据方便、综合成本低、整体效益高。

例如，亚马逊在美国俄勒冈州建立了一个大型数据中心，在降低成本的同时还能满足大量用户的需求。此外，亚马逊还在以高科技产业发达著称的旧金山建立了小型数据中心，以满足硅谷互联网公司的需求。

2013 年，亚马逊进入中国市场，并与北京市政府、宁夏回族自治区政府及西部云基地签署四方谅解备忘录，采用"前店后厂"的模式，将数据中心建立在宁夏。虽然宁夏处于偏远地区，但其电力资源丰富，可以有效降低综合成本，这就是"后厂"。毫无疑问，"前店"就是网络资源丰富的北京，亚马逊在这里进行产品开发和运营、销售。

（3）不断提升数据处理能力，进入云计算服务领域。亚马逊之所以能成为 IBM、微软等巨头在大数据领域的强劲对手，主要是因为其强大的数据处理能力。亚马逊提供的网络服务包括亚马逊弹性计算网云（Elastic Compute Cloud，EC2）、亚马逊简单储存服务（Simple Storge Service，S3）、亚马逊简单数据库、亚马逊简单队列服务及亚马逊云端服务等。这些都是在业界具有标杆地位的服务。

EC2 和弹性 Map Reduce（Elastic Map Reduce，EMR）是亚马逊在大数据、云计算领域大获成功的技术，也是其强大数据处理能力的体现。EC2 几乎可以被认为是迄今为止云计算领域最成功的技术。通俗地讲，EC2 就是虚拟机，它的创新之处在于允许用户根据需求动态改变虚拟机实例的类型和数量，在技术上支持容错，在收费模式上支持按使用量付费，而不是预付费。

S3 是亚马逊使用最广泛的储存技术，它提供完全冗余的数据存储基础设施，以便随时通过网络存储和检索数据。

除了快速、高效的计算和储存技术，亚马逊的大数据能力还体现在对数据的应用上，这也是未来亚马逊大数据战略的重点内容，如虚拟桌面服务 WorkSpaces、云端 GPU 增强服务 AppStream 及实时的流数据存储平台 Kinesis 等。

（四）淘宝网的数据挖掘与数据处理体系

近几年，淘宝网的注册用户越来越多，产品种类越来越丰富，传统的个人对个人（Customer To Customer，C2C）网络集市已经无法定义当前的淘宝网。如今的淘宝网集 C2C、分销、拍卖、直供、众筹、定制等电子商务模式为一体，逐渐发展为一个规模巨大的综合型零售商圈。

1. 淘宝网的数据来源与分类

淘宝网的数据来源主要包括来自外部的数据、来自淘宝网内部的数据、来自浏览行为的数据和来自淘宝无线端的数据。

（1）来自外部的数据。这类数据主要有用户观看广告的数据、搜索数据、相关软件推送的数据等。这些数据大都来自外部网站或相关软件。

淘宝网已经逐渐发展为一个全球性的销售网站，用户遍布世界各地，外部数据资源也变得越来越丰富。淘宝网利用这些数据可以充分了解用户的需求、兴趣、媒介使用习惯等，更好地服务用户，挖掘潜在用户，促进自身发展。

（2）来自淘宝网内部的数据。在淘宝网出现之初，这类数据作为最传统、最基础的数据促进了淘宝网的发展，它来源于卖家与买家的交易行为，即在销售与购买的过程中产生的相关数据，如搜索数据、社交网络数据、浏览数据、会员购买与使用数据、淘宝网站内后台处理产生的数据等。

淘宝网用户的消费习惯、媒介使用情况、兴趣偏好等都可以通过分析站内数据得出。站内数据拥有最完整、最详细的用户数据，利用这些数据可以不断调整和完善淘宝网的运营模式和服务方法，在满足用户购物需求的同时不断促进自身发展。

（3）来自浏览行为的数据。淘宝网通过分析用户日常的网页浏览行为可以推测用户的兴趣和消费行为等。

（4）来自淘宝网无线端的数据。无线端在不断丰富产品类型的同时已经成为淘宝网的一个重要的数据来源。

2. 淘宝网的数据处理体系

淘宝在数据处理体系建设上的亮点如下。

（1）大数据运营部门。2005 年，淘宝网建立了第一支数据分析师队伍，成立了第一个数据部门——智能商业部。

淘宝网的数据分析组织主要包括外部数据服务团队和内部数据服务团队。外部数据服务团队负责研发对外产品；内部数据服务团队负责将数据推送给决策者，让决策者进行数据分析和数据运用，从而更好地制定决策。

阿里巴巴设置了众多功能完善的数据处理部门。淘宝网每天会产生将近 1.5 PB（拍字节，2^{50} 字节）的数据，数据处理部门需要将其转换成 20 TB（太字节，2^{40} 字节）的高价值数据，再将它们提供给决策层和其他部门分析和运用。淘宝网的快速发展离不开数据处理部门的支持。

（2）数据分层处理技术。支撑淘宝网运行的数据平台技术架构主要包括五个层级，这五个层级互相配合，使数据发挥出最大的价值。第一层是计算层，负责进行数据的分布式计算或实时计算，其任务是平衡这些处于中间状态的计算结果。计算结果将被从计算层转移到存储层和查询层，这两层利用分布式关系型数据库和非关系型数据库存储集群，给计算层足够的时间继续处理计算任务，缓解计算层的工作压力。

大量的数据在经过层层处理和分析后将发挥不同的作用，如成为供买方和卖方使用的数据产品、成为供第三方使用的应用程序接口等。

第二节 大数据与新媒体内容运营变化

一、新媒体内容运营

（一）新媒体的内容、业务和产品

在深入研究新媒体内容运营之前，首先要明确几个基本概念，即新媒体的内容、业务和产品。

1.新媒体的内容

内容是媒体运营中的核心要素之一。文化学认为内容可以将所有有内涵的事物容纳进去，它代表了一种外在事物被包容在内部的状态。传播学认为传播过程涉及五个要素：传播者、信息、媒介、接受者和信息反馈。通过分析内容在媒体产业中的运用，我们发现内容是非常重要的一个组成部分，它和传输、经营及终端环节一样重要。媒体要想与受众加深联系、进行广告经营，都要依赖内容。

在新媒体环境下，内容是不同的技术平台及软件、硬件包含的所有信息形态。由于数字技术得到了快速发展，所以，有许多可以快速进行信息传输的网络被创造出来，这让人们的信息处理能力得到了极大的提升，人们可以对内容做出更快、更准确、更及时的处理。新媒体涉及的内容主要有文字、图片、音频和视频等。

2.新媒体的业务

业务是指媒体考虑用户需求和广告主需求后结合实际情况设计出来的可

以用于表现内容的外在信息服务。对于"业务"这个词可以从两个角度理解：首先，从专业性的角度出发，只有某一个领域的专业事务才能被称为业务；其次，从事务性的角度出发，业务一定是专业性工作中涉及的需要某些专业技能或专业知识的具体项目。

站在媒体运营的角度看，业务和需求、内容之间是存在依附关系的。在具体的运营过程中，媒体会根据业务形态设计内容，进而选择商业模式，用户也会利用媒体设计出来的业务去选择要消费的产品。在传统媒体时代，媒体工作者不太重视业务这一概念。但是，新媒体时代到来后，用户的需求越来越个性化，内容越来越丰富，这要求对新媒体运营进行精细的类别划分，也就是要在内容和用户之间通过业务构建精准的联系，这时媒体工作者才意识到业务的重要性。

3. 新媒体的产品

这里的产品是指媒体根据市场需求生产的、能满足消费者需求的产品和服务。在经济学中，产品是指能够提供给市场，供人们使用和消费，并能满足人们某种需求的任何东西，包括有形的物品和无形的服务，以及它们的组合。媒体产品的概念其实是在这个基础上的一种延伸和拓展。

新媒体的产品是基于内容和业务提供的，能够让用户直接接触、使用和消费。作为一种产品，媒体产品具有使用价值，其使用价值是通过满足受众需求来实现的。媒体产品跟其他产品一样，必须投放到市场中，在市场的指挥下进行流通。

在现实生活中，一部电影、一部电视剧、一个 App，都可以被称为新媒体的产品，它们的共同点在于可以被用户直接接触并使用，用户可以进行消费。

4. 内容、业务与产品之间的关系

从信息传播的角度看，内容是信息的首轮加工产品，也是媒体传播的对

象，还是媒体产品、媒体业务的重要基础与核心。产品则有做了更深层次加工的含义，并且通常被赋予消费、交易的含义。

在针对消费者或受众、用户时，业务和产品的概念有时是通用的。但是，从媒体运营的角度看，业务的范畴更大，同一业务可以包含多种产品，而且业务的承载和表现往往都是产品。例如，某媒体机构在进入某业务领域后，推出了某产品。但是，从严格意义上说，三者的概念是不同的。在研究新媒体时，通常需要对这三个概念加以区分。

（二）大数据在新媒体内容运营中的作用

在传统媒体时代，媒体的内容生产过程比较简单。而新媒体给整个信息传播环境带来了极大的改变，也重构了内容运营的流程。在这个过程中，大数据扮演着越来越重要的角色。

1. 传统媒体与新媒体的内容运营流程存在显著差异

在传统媒体的内容运营流程中，媒体负责对信息进行加工整理，将信息加工成内容产品后，再通过各自的传播渠道将其分发给不同的受众。受众在接收内容产品后通过一定的方式向内容产品的提供者提出反馈，媒体再根据受众反馈对下一次的内容生产进行调整，这就完成了一次内容生产、分发、消费的过程。

事实上，传统媒体的信息传播流程可以对这种内容运营流程做出解释。唐·E. 舒尔茨（Don E. Schultz）在其著作《全球整合营销传播》中为依托传统大众媒体建立的营销传播做了一个模型图。舒尔茨清晰地标明了信息流动的方向，即信息从信源流向信宿，而且基本保持线性的流动。消费者在营销传播中处理信息的方式也是线性的，处理方式表现为"接触—注意—理解—接受保留"。

在持续发展与不断探索的过程中，新媒体行业已经建立了相对完整的内容运营流程，形成了平台，通过平台生产和传播内容。首先获取内容，然后进行内容集成，最后将内容分发出去，让用户进行交易。在获取内容时，新媒体利用多种渠道可以获取大量的内容；在进行内容集成的过程中，新媒体可以创造出很多符合当下市场需求的内容产品；在进行内容分发时，新媒体可以通过网络或平台向终端用户传播这些内容。通过分析这三个环节，我们可以发现，新媒体内容运营的特点是开放、多元，这与之前传统媒体封闭式的内容运营完全不同。

新媒体内容运营包含两个重要方面：第一，内容监管，也就是通过监管内容保证筛选出的内容是真实且可靠的；第二，媒体资产管理系统，新媒体在内容运营过程中建立了媒体资产管理系统，该系统的作用是为管理内容提供基本保障，保证资源可以被科学地分配。媒体资产管理系统在内容管理过程中发挥了巨大作用。与此同时，新媒体利用媒体资产管理系统可以对内容资源进行不同的组合，即同一资源可以被多次利用，以便更深度地挖掘内容所具有的价值。

此外，新媒体内容运营有一个极为重要的特点——将内容视为产品。互联网其实并未创造全新的内容生产机制，只是更加灵活地根据用户的反馈来调整产品。虽然这种不断获取反馈再不断进行调整的方式并不一定都会采用最新的手段与方法，大数据和小数据、中数据的结合使用是常态，但是在这个方面，传统媒体的工业化程度依然有所欠缺，究其原因主要是产品意识不强。

2. 大数据在新媒体内容运营过程中发挥着巨大的作用

正如前文所述，新媒体的内容运营流程可以分为内容获取、内容集成、内容分发和交易这三个大的环节。无论具体的内容产品是什么，媒体进行内容生产的最终目的是通过恰当的模式实现盈利。目前，用户付费、商业广告、内容销售是最常见的三种盈利模式，而大数据的重要作用之一就是提升新媒体的盈利能力。

在传统媒体的内容生产过程中，数据最重要的作用是从用户与广告主的需求出发，为内容生产者提供必要的参考。然而，在大数据技术的支持下，数据的作用和重要程度发生了改变，这种情况也颠覆了原有的内容生产模式。在内容运营过程中的各个环节，大数据都可以参与其中，并且能有效地提升运营效率，从而优化运营效果。

（1）在内容获取环节，不管是自主生产的内容还是从外部引入的内容（通过购买、合作的方式获得），都需要利用大数据对其进行评估，从而生产、获取更加符合市场需求的内容产品，甚至大数据本身就可以成为优质的内容。

（2）在内容集成环节，新媒体要实现的是内容的业务化和产品化。在这个过程中，新媒体要根据终端、渠道、受众的不同将原始内容加工整理成更加合适的内容产品，这时大数据发挥的指导作用同样重要。在这个过程中，新媒体可以利用大数据对内容产品进行优化，通过编辑整理让内容产生更大的价值。

（3）在内容分发和交易环节，如何让不同的用户在不同的时间利用不同的终端接收最合适的内容产品，并且让新媒体在第一时间获取用户的评价与反馈，是大数据需要解决的重要问题。实现精准的推荐和个性化的分发是现在新媒体在内容分发和交易环节的工作重点。

帮助新媒体预知用户需求，提前生产出符合他们需求的内容，同时优化内容产品，帮助新媒体使用更合适的方法开展传播和营销，这正是大数据在新媒体内容运营过程中发挥的重要作用。接下来的内容将具体探讨大数据如何帮助新媒体优化内容运营。

二、大数据改变新媒体内容生产——以数据新闻为例

数据新闻是指通过抓取数据、挖掘数据、统计和分析数据，最终以可视化形式报道新闻的一种新闻报道方式。随着大数据时代的到来，这种新闻报道方式应运而生，它是新闻行业和大数据技术结合的产物，它的出现使得传统的新闻生产流程发生了变化。

1. 数据新闻的起源

精确新闻报道是由美国学者、新闻记者菲利普·迈耶（Philip Meyer）在 20 世纪 60 年代提出来的。在《精确新闻报道：记者应掌握的社会科学研究方法》一书中，菲利普·迈耶将精确新闻定义为：记者在采访时，运用调查、实验和内容分析等社会科学研究方法来收集资料、查证事实，从而报道新闻。

在当时的时代背景和环境下，新闻业界希望以更加精确的数据、概念来分析新闻事件，以便最大限度地避免出现人为错误或主观错误，也就是从更公正、客观的角度对新闻进行报道。因此，精确新闻学主要的研究方向、研究内容是民意调查研究。在传统的新闻报道过程中，记者会对新闻事件进行一定的解说，也就是说，新闻报道仅仅局限在对事件本身的解释层面上。在精确新闻报道越来越成熟后，记者可以使用科学的数据分析方法采集资料，对资料进行加工整理，挖掘资料背后的详细信息。从关于精确新闻报道的阐释中我们可以看出，人们很早就开始探讨如何使新闻报道更加精确和客观，尤其是如何将数据与新闻报道结合在一起。

此后，新闻报道与数据之间的距离不断被拉近。在 20 世纪 90 年代，随着计算机技术的普及，计算机辅助新闻（Computer Assisted Journalism）在新闻调查与新闻报道中发挥的作用越来越大，这进一步提升了新闻报道的精确性。之后，数据库新闻等概念出现，使新闻报道从生产方式到报道形态都发生了巨大的改变。21 世纪初，记者们开始尝试从一些数据库中找出有用的数

据以便挖掘新闻专题。这些数据库既包括政府公开的数据库，也包括媒体自己的数据库。不久之后，数据新闻、大数据新闻等概念及操作方法应运而生。显然，这一过程与数据处理技术的进步是同时发生的。

2. 数据新闻的诞生和概念

关于数据新闻这个概念的诞生时间，业界和学界目前并无一致的结论，但是仍有一些标志性的事件可以帮助我们更好地了解数据新闻的发展过程。

目前，学界和业界对数据新闻还没有形成统一的认知，所以双方在解释数据新闻的概念时会有一定的差异。总体来看，学界与业界对数据新闻有一个共同的认知，即数据新闻是一种运用数据理念的、全面变革的新闻报道方式与制作手段。

例如，美国伯明翰城市大学的教授保罗·布拉德肖（Paul Bradshaw）认为，数据新闻就是一切用数据处理过的新闻。数据新闻的制作过程可以用倒金字塔来表示，包括数据汇编（Compile）、数据清理（Clean）、了解数据（Context）和数据整合（Combine）四个部分。数据新闻的传播过程通过正金字塔来完成，包括可视化处理、叙述新闻故事、通过社交媒体发布、受众根据自身的需要和兴趣有选择地使用。在整个过程中，数据处理的最终目的是完成数据的可视化并实现有效传播。这个金字塔模型在学术界广为流传。我国香港城市大学的祝建华教授认为，数据新闻是用来过滤和分析海量新闻数据的工具，它通过对数据的整合，实现对新闻的挖掘。在业界，人们对数据新闻概念的讨论也有很多。来自各大新闻媒体的数据新闻实践者都提出了对数据新闻的看法。

数据新闻与精确新闻的差异主要体现在三个方面：第一，分析和处理的数据量有显著差异；第二，数据对精确新闻来说是一种辅助，但是对数据新闻而言则是核心驱动力；第三，承载平台不同，精确新闻基本还是以传统媒体为介质，而数据新闻主要利用数字化媒体平台。数据新闻非常强调新闻报道与数据之间的关系。

从叙事的角度看，数据新闻是一套囊括了许多用于新闻叙事的工具、技巧与方法，以便提供更加生动、鲜明的阅读体验的新闻报道生产方法。从工作流程与方式的角度看，数据新闻带来了一种全新的工作流程，包括抓取数据、挖掘数据、数据可视化等基本步骤，数据新闻通过这些步骤实现了数据与新闻信息的融合。

3. 数据新闻的特征和趋势

既然数据新闻强调用数据处理改变新闻报道的生产与传播方式，那么数据新闻势必会与传统的新闻报道产生极大的差异。学界与业界对数据新闻的特征做了不同程度的梳理。

学界的不少专家将数据新闻的特征与其功能及价值结合在一起进行表述。例如，陈力丹在《大数据与新闻报道》一文中提出："通过对国内外代表性媒体的大数据新闻实践进行研究，可以总结出大数据新闻的四个功能，即描述、判断、预测、信息定制。"数据新闻会使趋势预测性新闻和数据驱动型深度报道的分量增加，使新闻报道的数据呈现、分析和解读能力提高，使新闻生产中的跨界合作加深。

在这一节中，我们的研究视角是大数据对新媒体内容运营的影响。从该角度看，数据新闻的特点在于：运用大数据的理念，利用恰当的数据处理方法和工具，重新构建新闻报道的流程。数据新闻强调挖掘数据本身的价值，强调新闻事件与数据之间的关系，强调用数据可视化的方式来展现新闻事件。与大数据本身具有的 4V（Volume，Velocity，Variety，Value）特征一样，依托于大数据技术而存在的数据新闻也必然拥有相似的特点。德国记者米尔科·洛伦兹（Mirko Lorenz）在《数据新闻手册》中介绍了数据新闻的制作过程。这个过程大致可以分为四个步骤，即收集数据、清洗数据、可视化处理、故事化的编辑报道。

在今后一段时间内，伴随着大数据技术的发展和机器学习的升级，数据新闻将迎来更大的发展。

（1）从数据新闻开始，机器人撰写新闻将成为一种新的趋势。2014年，美联社对外宣布公司财报的新闻撰写将运用自动化技术。《洛杉矶时报》、雅虎及美国国家橄榄球联盟也宣布一些相对容易或简单的新闻撰写会由机器人负责。在这一年，美国加利福尼亚州发生了一次等级比较低的地震，《洛杉矶时报》利用机器人在网上发布了有关地震的报道。发布这篇新闻稿件仅仅花了3分钟，该报道是网上出现的最快的有关该地震的新闻报道。具体的发布过程是：美国地质勘探局将获得的数据发给《洛杉矶时报》，《洛杉矶时报》通过机器人系统将获得的信息自动填入之前设置好的新闻模板，生成新闻报道。这个机器人系统是由《洛杉矶时报》的记者兼程序员肯·史文克（Ken Schwencke）开发的。美联社发布的调查报告指出，在一个季度内，记者能够撰写出来的企业财报数量可以达到300份，但是在相同的时间内，机器人撰写的企业财报数量可以达到4400份。通常情况下，新闻媒体会撰写财报方面的新闻，但是企业财报包含的数据非常多。传统的方法是人工提取读者需要的信息，人类虽然可以胜任这个工作，但是工作量很大。此外，球赛的总结也可以由机器人撰写。美联社与自动化公司Automated Insights合作，开发了一款橄榄球运动员排名系统，该系统可以完成视频剪辑和文字描述，这些工作同样是由机器人高效地处理数据后完成的。

2015年9月，腾讯财经第一次运用机器人发布了一篇新闻稿件，即《8月CPI同比上涨2.0%创12个月新高》，这一创新引起了我国媒体行业从业者的关注。这篇新闻稿件主要分析了国家统计局在8月份发布的居民消费价格指数。这篇文章除了使用和分析上述数据，还借鉴了统计局高级统计师的观点、银河证券分析报告中的观点、交通银行金融研究中心的看法。与此同时，它结合当时的降息背景，向读者介绍了居民消费价格指数的具体含义。文章最后的落款是 Dreamwriter，也就是腾讯财经部门专门负责自动化新闻编辑和撰写的机器人。

现在，媒体行业将机器人写作当作新闻发布的辅助形式，利用它节省新闻发布的时间，让记者可以从大量数据的包围中解放出来。从业界目前的实践情况来看，机器人撰写新闻的过程就像玩一个复杂的填词游戏，机器人无法进行深度分析，更不会炼字锻句，所以更适合撰写一些具有固定模式的行业性文章。

（2）"众包"新闻受到越来越多的关注。2006 年 6 月，美国著名科技杂志《连线》的记者杰夫·豪（Jeff Howe）在一篇文章中首次提出这个概念。2009年 6 月，他围绕这一概念出版了《众包：大众力量缘何推动商业未来》一书，众包的概念开始被广泛运用于互联网产业，之后又受到新闻行业的关注。通过众包这种方式探索数据新闻生产得到了业界的认可。根据众包本身的概念，众包新闻的制作分为三步：分发任务，等待用户对任务的回应，从用户提供的内容中筛选有用的信息并把这些信息制作成新闻内容。

三、大数据改变新媒体内容运营

（一）新媒体的内容价值实现——内容运营

目前主流的新媒体机构在实现内容价值方面主要有三种方式。第一种是将内容销售给用户（包括个人用户与机构用户），然后获取一定的收入，从而实现内容的价值。例如，视频网站用户付费就是这种内容价值实现方式的代表。第二种是合理设计内容播出过程中的各种品牌曝光机会，即广告产品，并将其销售给广告主，从而获取广告收入。第三种就是将内容的各种版权产品销售给其他媒体机构或播出平台，从而获得相应的版权收入。

为了获得更高的利润，最大限度地实现内容的价值，新媒体机构除了需要提升内容本身的质量、增强其吸引力，还要通过各种各样的包装方式、营销手段进一步提升内容的价值，从而获取更大的收益，这就是我们所说的内容运营。具体来说，内容运营包括内容的编辑、推荐和销售三个方面。

与传统媒体相比，新媒体的内容运营具有鲜明的特色。中国传媒大学的周艳教授认为，新媒体在内容运营方面经历了几个不同的发展阶段。

在第一个阶段，新媒体采用较为粗放的内容运营模式。广播式媒体在制作优质内容时可能会选择自制、采购或合作的方式，会对内容进行整合，然后按照种类、区域、时间去分发不同的内容。但是，新媒体的运营与广播式媒体的运营不同，新媒体可以对传统媒体创造出来的内容进行整合利用，再将整合后的内容展现给用户，而且新媒体可能会使用"标题党"的方式进行内容创新、策划和编排，确保重新整合出来的内容更受当下互联网用户的欢迎，也更能满足他们的使用需要。

在第二个阶段，新媒体充分运用了数据的力量。当下的新闻创作存在内容缺口，在这种情况下，新媒体可以利用技术优势构建内容数据库，通过对数据库进行一系列的管理来达到梳理数据的目的，让不同的数据之间形成具体的关联。也就是说，以互联网为载体，之前没有被关联起来的数据可以建立起关联，然后形成新的信息，以满足人们的信息需求。这种方式无疑增强了新媒体的运营能力。而且，内容数据、用户数据、用户在网页中的浏览数据、用户的信息使用习惯数据、用户的交易数据等都可以被新媒体捕捉到，新媒体完全可以利用这些数据开展营销。在运用数据力量方面，新媒体已经进行了很多创新，并且取得了很好的效果。

（二）大数据在新媒体内容集成和分发中的运用

在新媒体的内容运营过程中，内容被视为产品。被赋予了产品观的内容运营会在追求产品质量之外提高对包装的要求，以更好地吸引用户。对用户来说，内容的编辑与推荐就相当于产品的包装和铺货。如何利用大数据技术提升编辑的能力、推荐的精准性、分发的针对性，尤其是如何使内容产品迎合新媒体环境下受众碎片化和个性化的特点，就成了构建新媒体内容运营体系的重要课题。

1. 人工与数据相结合的编辑推荐，深度挖掘内容价值

在信息爆炸的时代，可供用户浏览的信息太多了，不同网站内容的同质化程度也比较高，用户难以做出选择。对新媒体机构来说，帮助用户进行信息筛选，同时让自身的内容产品获得竞争优势以吸引用户的注意是最重要的工作之一，因此适当的编辑、包装和精准推送是很有必要的。换个角度来说，即便是同样的内容素材，也会因为不同的加工方式和编辑推荐而产生不同的效果。因此，编辑与推荐其实是对内容价值的再次解读与深度挖掘，这是新媒体内容运营的重要组成部分。大数据在这项工作中的重要作用就是帮助新媒体机构提升编辑与推荐的效率和效果。

大数据优化内容编辑的案例如下。

（1）在视频网站中，YouTube 可谓鼻祖。该网站首先对所有内容做了一个基本的划分，设置了热门、音乐、体育、游戏、电影、电视节目、新闻、直播、焦点和 360° 视频等频道。这些频道从内容类型、体验类型、热门程度等多个角度对视频进行归类，从而方便用户查找相关内容。几乎所有的媒体都会对自身的内容做一个基本分类。媒体首先会根据内容类型划分内容产品，其次会利用用户调研、市场竞争等各种反馈数据来辅助决策，以便对内容产品进行基本的编辑策划。

（2）Newsmap 是谷歌开发的新闻地图，用户通过这个软件可以实时查看可视化的新闻反馈。用户可以通过数据块大小来判断某篇新闻是否受欢迎。Newsmap 显示的新闻是由谷歌新闻聚合器收集的新闻，而且是实时更新的新闻。可视化新闻使用了树状图算法，它非常适合在需要同时展示大量信息的场合使用。在展示新闻时，既可以用颜色区分不同的新闻，也可以用标题、区块面积区分不同的新闻，这在一定程度上可以让用户从大量的新闻中快速获取自己感兴趣的新闻，并且不断地关注动态。

需要注意的是，以目前的技术水平来看，短期内完全用大数据和人工智能来完成内容编辑是不现实的，人工编辑仍然是主流，大数据发挥的只是辅助作用。

在进行合理的内容编辑后，下一步是需要使用更多数据的推荐。用户可以自主订阅频道，新媒体也会向用户做相应的推荐。为了提升推荐的精准度，新媒体需要搜集大量的用户行为数据，以便准确判断用户的偏好和倾向。一个简单的例子是，用户在视频网站观看视频之后，网站通常会推荐相关的内容，如同一导演、演员的其他作品，相似主题的作品等。用户对推荐内容的点击量越高证明推荐越成功，这种推荐就是依靠大数据实现的。

大数据优化内容推荐的案例如下。

（1）YouTube。在视频推荐算法方面，YouTube使用的算法比较独特，而且其因为这一算法获得了2013年的技术艾美奖。在2008年，YouTube决定为用户推荐相关的视频内容，用户在主页及正在播放的视频的右侧都可以看到推荐视频。在使用这种推荐算法后，YouTube发现用户每天的观看总时长增加了。在使用推荐算法的过程中，YouTube发现，如果为用户推荐一个与正在观看的视频相关程度非常高的视频，用户可能就会被吓跑，而且如果坚持为用户推荐相关程度非常高的视频，用户可能很快就会疲倦。因此，YouTube在为用户推荐视频时开始尝试推荐不同主题的视频，有时用户从相关视频中选择的视频与之前观看的视频并没有什么相关性。

YouTube发现，用户在观看视频的过程中更喜欢观看多个主题的视频，也就是说，用户并不希望在YouTube中观看相关程度非常高的多个视频，他们希望看到更多能让他们感兴趣的不同主题的视频。通过观察数据，YouTube发现了用户的行为习惯和动机习惯，例如，用户会为哪些主题的视频点赞，会完整地观看哪些主题的视频等。YouTube通过完整记录用户的观看数据，为用户构建了一个主题数据库，然后根据主题数据库为用户推荐他们可能会喜欢的视频。

视频网站的用户大体可以分为两类：一部分有明确的目的，视频网站要做的是帮助他们减少相关操作，帮助他们快速找到想看的内容；另一部分用户没有明确的目的，所以视频网站需要根据数据为他们推荐合适的内容。

美国在线视频网站hulu针对第一种用户设计了一些数据产品，如showyouwatch。该产品可以把内容按照用户的最后一次观看时间进行排序，还可以通过数据分析形成机器学习模型，对内容进行排序，参考指标包括用户所收看剧集的播出时间、当前平台等信息。例如，《破产姐妹》是每周二更新，当用户在下周二登录时，showyouwatch就会为用户自动推送最新的一集。此外还有showsmartstart，其功能是让用户进入剧集页面后直接进入上一次观看的那一集，不需要重新搜索。这些产品共同提升了用户的观看体验。对于没有明确收看目的的用户，hulu设计了个性化的推荐首页，为用户进行智能推荐，在推荐后还会以小调查的形式了解用户对该推荐的反馈，以便下一次进行更精准的推荐。

（2）今日头条。今日头条最大的特点是它能让用户自己选择喜欢的新闻类型，这得益于其优秀的推荐算法。借助该算法，今日头条能进行十分精确的新闻推送。今日头条的算法涉及的重要机制有冷启动和算法驯化。

冷启动是指当用户第一次登录今日头条客户端时，今日头条会在用户的授权许可下挖掘用户的好友关系、兴趣，然后依托这些数据为用户构建多个分析模型，最终形成用户感兴趣的话题图谱，这个过程只需要几秒。当用户第二次在今日头条中搜索新闻时，算法就会启动，从而进入驯化阶段。用户的使用次数越来越多，今日头条形成的用户兴趣图谱也会越来越丰富，算法会根据用户浏览、收藏、评论和转发的信息为用户提供更符合他们兴趣的新闻。与此同时，今日头条也会考虑用户的阅读习惯、时间、位置等，为用户推荐更符合其需求的新闻。除了人群属性，算法还会对文章打标签，如发布时间、文中出现的名人、发布文章的区域等。

但是，一个人可能属于多个人群，一篇文章也会有多个标签，因此必然会存在多篇文章被推荐给同一个用户的情况。那么，如何确定推荐顺序呢？今日头条推荐算法的核心原理是让用户对文章进行投票，并把得票率最高的文章推荐给相同的人群。而实际上，并非用户所有的阅读兴趣都能被算法洞悉并满足。对于一些共性的需求，与其用算法来解决，不如用频道运营的方式来解决，后者的效率更高。因此，今日头条将内容分成不同的版块，以便用户订阅。

2.快速、有针对性的分发传播可以有效提升新媒体内容的价值

新媒体传播的一个特性就是速度快。在内容生产方面，大数据等技术的出现使新媒体抓取、编辑、整理信息的速度不断提升。新媒体在生产和集成内容的同时，也成了其他媒体机构的内容源。新媒体在进行内容集成的时候，内容分发也在进行。因此，利用大数据技术优化分发与传播路径是新媒体内容运营的一个要点。

新媒体要想优化分发与传播效果，就要注意以下两点。第一，必须对不同媒体、不同终端的用户的行为偏好有充分的了解。以视频产品为例，电视端更适合播放长视频及制作精良的视频；手机等移动终端则适用来满足用户在碎片时间的信息获取需求，所以视频宜简短。在一天的不同时间段里，用户对视频的需求也存在差异。不同的用户群体对视频的类型和特征也有需求差异。针对这些特点，内容生产者在将内容分发至不同的媒体及终端时，应对用户的行为和需求数据有充分的了解。第二，对下游的传播路径也应当

有一定的了解，以便掌控整个内容传播过程，从而提出相应的优化方案。

一般情况下，我们只能看到某段内容得到了若干次分享和转发，但是无法看到传播路径。而 BuzzFeed 的 Pound 工具可以清晰地表明：真实的分享路径是一条推文得到了大概 20 次 Facebook 分享和 7 次 LinkedIn 转发。Pound 工具能够通过跟踪包含在文章 URL 中的匿名代码来跟踪某段内容的跨平台传播路径。在获取这些数据后，BuzzFeed 就可以更好地对内容进行二次传播，从而提升内容的传播价值。

（三）大数据在新媒体内容交易中的运用

新媒体内容运营的另一个重要环节是内容交易，包括内容的购买与销售、内容的置换等。在大数据的作用下，新媒体的内容交易也出现了一些重要的变化。

1. 数据与内容交易密不可分

前文提到，新媒体内容运营的一个重要环节是通过内容销售实现版权收入，这就涉及内容交易。交易双方必须对所交易的产品进行充分的评估。然而，内容产品不同于普通的标准化产品，它同时兼具物质产品与精神产品的属性，因此评估内容产品是一项专业化程度很高的工作。不同类型、不同阶段的内容产品在评估方法和交易估值方面都会有显著的差异。

为了不断优化交易决策，交易双方需要了解待交易内容产品各个方面的数据与信息，并将这些数据与信息进行有效的整合，从而为决策提供依据。

总体来说，内容产品评估有一套完整的体系，包括评估指标、评估方法和评估流程。这三个方面都会直接影响最终的评估结果，从而影响交易行为。因此，一直以来，内容产品的交易都与数据密不可分，只不过在不同的发展阶段，因为人们能够掌握的数据量的大小、数据类型的多少、数据分析和处理能力的强弱不同，所以内容产品交易体现出了不同的特点。

2. 大数据优化了内容产品的交易流程

交易前卖方需要考虑三个核心问题，即销售什么产品、何时销售、以什么价格销售。"销售什么产品"即思考如何充分结合市场需求，对内容素材进行适当的编辑和包装。"何时销售"即思考在何时将产品销售出去能获得最高的利润。"以怎样的价格销售"考虑的是定价问题。买方考虑的问题与上述核心问题相对应，也是用什么价格在何时购买什么产品。

接下来的环节是交易中的交易管理和交易后的交易维系等。在内容产品交易中，大数据的作用主要体现在两个层面。第一，帮助交易双方获取大量的数据作为决策支撑。第二，帮助交易双方利用大数据的理念和技术手段来处理相关数据，提升数据的使用价值，从而更好地促进交易。

3. 大数据改变了内容产品的交易方式与手段

大数据给内容产品交易带来的另一项改变体现在交易方式与手段上。在内容产品交易中，视频非常具有代表性，其主要的交易渠道是交易展会（如电视节和电影节等）、版权交易中心（各地均建有版权交易中心，并允许社会机构参与）及线上交易平台。传统的交易模式已经无法适应新媒体时代的市场需求，所以开放化、精细化和在线化是今后内容产品交易的发展方向，大数据将在其中发挥极为重要的作用。

（1）业界的有关探索。成都索贝数码科技股份有限公司联合上海五岸传播有限公司共同成立了上海五翼文化传播有限公司，该公司开发了内容交易平台，并且负责该平台的运营。该平台正式投入使用时被称为秒鸽传媒交易网，该平台参考了淘宝网的运营模式。在该平台上，客户可以开设店铺，在平台上发生的所有交易都需要给平台支付一定的佣金。与此同时，平台也会为用户提供大量有用的内容及其他的增值服务，如信息订阅服务、版权管理服务等。

此外，一部分文化投资机构开始进军内容交易平台领域，如较早进入内容交易平台领域的陕西文化产业投资控股集团。陕西文化产业投资控股集团联合陕西广电网络传媒集团和陕西文悦投资管理有限公司，出资 5 000 万元成立了西安电视剧版权交易中心有限公司。该公司主要由陕西文化产业投资控股集团版权交易中心负责运营。陕西文化产业投资控股集团版权交易中心在对外提供服务时使用的平台是中国影视版权交易网。该网站提供的服务包括版权登记服务、备案服务、影视内容信息服务、著作权登记服务等。此外，中国影视版权交易网还提供融剧宝投资服务，该服务主要面向影视制作企业和影视播出机构，影视制作企业在影视播出机构购买了影视作品的播出权之后，双方可以先在融剧宝签订合同，由版权交易中心向影视制作企业支付制作费用；接着，在约定期限内，影视播出机构需要把用于购买影视作品播放权的费用交给版权交易中心。版权交易中心在这个过程中从影视制作企业那里收取一定的服务费用。

（2）学术界的相关研究。在这个方面，中国传媒大学广告学院探索的内容银行模式是一个非常典型的案例。内容银行是指在网络融合背景下，一个基于海量内容建立起来的开放式的内容交易和管理的系统平台。内容银行通过建立统一的交易标准，搭建内容存储、支取、增值的机制与平台，以云存储为基础，提供存储、展示、搜索、分析、评估、衍生、竞价、交易、管理、投融资等全功能服务，加速内容交易、流通、增值，实现安全与高效的内容管理。从这个定义来看，大数据不仅将被充分运用于新媒体内容产品交易的各个环节，还会为新媒体机构提供全新的交易方式与手段。

在具体的功能设置上，内容银行将在提供海量数据的基础上，实现量化与质化交叉融合的内容评估功能，让交易双方都获得更好的决策参考；同时提供线上与线下相结合的展示交易平台，让交易双方实现智能化的在线交易管理与操作；还能借鉴互联网实践，构建 RTB 技术平台，实现内容交易的实时竞价，使交易行为变得公开、透明、即时，并最大限度地保障交易双方的权益。

内容银行只是新媒体机构在内容产品交易方面的一个新探索，大数据必将深刻地改变内容产品的交易方式与手段。

第三节　大数据与新媒体营销体系变革

一、大数据加速了新媒体环境下营销体系的变革

（一）正确理解新媒体营销

新媒体营销可以从两个层面理解：第一个层面是基于新媒体进行的营销活动，此时新媒体是营销活动的传播载体与平台；第二个层面是新媒体作为广告主进行的营销活动，此时新媒体是营销活动的发起方。

在此，我们从第一个层面来看待新媒体营销。新媒体在运营过程中就要考虑如何为广告主提供更好的营销平台与营销服务，包括运营理念的构建、广告产品的设计、广告服务的提供等。对新媒体机构来说，广告是非常重要的收入来源，所以广告资源的挖掘、服务平台的运营、产品体系的搭建都是非常重要的工作内容。

（二）新媒体营销的变与不变

传统的广告营销活动的参与者主要包括广告主、广告公司、媒体和消费

者；广告营销活动则可以被划分为市场机会分析、市场细分、目标市场选择、市场定位、活动管理等环节。但是，在新媒体环境下，市场形成了新的营销平台，构建了新的传播规则，这既推动形成了新的营销效果测量体系，也催生了新的营销产业链。

在分析"新媒体的发展如何改变营销"这个问题时，我们可以从四个角度出发。首先，新媒体时代的到来让单向的传播变成了双向的互动，不同的新媒体创造了很多交互性非常强的产品和及时性非常强的平台。其次，新媒体时代的到来让营销流程从传播者主导变成了用户主导，现在用户的主观能动性明显增强，用户能够在更大程度上参与营销活动。可以说，新媒体时代创造了全新的传播规则。再次，新媒体和传统媒体之间存在显著的不同，这使新媒体没有办法使用传统媒体的评估方法或测量标准，新媒体只能建立适合自己的营销效果测量体系。最后，新媒体慢慢形成了自己的营销产业链，确定了新的营销任务及职位分工，建立了新的机构。以上四个变化是新媒体营销的"变"。

在新媒体深入渗透营销领域之后，传统的营销体系不断创新和变革。在变革过程中，大数据发挥了重要的作用，大数据促进形成了新的营销体系。虽然营销体系发生了变化，但是营销的本质及营销的核心目的并没有发生改变，营销的核心目的还是满足消费者的真实需求。所有营销模型的建立都是为了更加精准地把握消费者的需求，营销人员和消费者之间进行的始终是价值交换，只不过现在营销人员在满足消费者需求的过程中开始使用数据化的方法，开始通过数据调研的方式把握消费者需求，开始参照数据制定各种营销决策。这是新媒体营销的"不变"，也是接下来将要重点探讨的内容。

二、大数据对营销的意义：探知需求的工具

（一）营销学中需求的概念与特征

1. 需求的概念

作为一门交叉学科，营销学与心理学、经济学、管理学和社会学等学科都有密切的关系。因此，营销学中的部分概念在其他学科中也能见到。

作为营销学的核心概念，需求在经济学中的含义是：在一定的时期，在价格固定的情况下，消费者想要购买并且在能力范围内能够完成购买的商品数量。心理学认为，需求是指人体内部产生的不平衡状态。在这样的状态下，个体会产生需求，只有当需求得到满足时，个体才能维持生命发展的正常状态。营销学认为，需求是指在购买能力范围内通过购买商品能够实现的个体欲望，而营销就是找到社会中的个体需求，满足个体需求，在满足需求的过程中创造价值。

从上述解释可以看出，购买力和购买欲望是需求的两个核心要素，用公式来表示就是：需求＝购买欲望＋购买力。但是，由于购买欲望与购买力这两个要素会受到各种因素的影响，因此需求会变得难以捉摸和难以预测，这使得把握需求成为营销一直以来都很基础和重要的任务。

2. 需求的特征

关于需求的特征，学术界有人将其归纳为多样性、发展性、伸缩性、周期性和可诱导性。其中，多样性是指不同的消费者有不同的需求，同一消费者的需求也多种多样。发展性是指在总体水平上，人们的消费需求会随着社会经济的发展及生活水平的提高而不断发展变化，当某种需求被满足以后，新的需求或更高级的需求就会被激活。伸缩性是指由于内因或外因的影响，消费者的需求可以扩大、增加和延伸，也可以减少、受到抑制和压缩。周期

性是指消费者的需求会因为某些因素的影响而呈现周期性的变化，具体表现为当某种消费需求被满足后，经过一定的时间这种需求会重新出现。可诱导性是指消费者的需求是可以被诱导、引导和调节的，企业可以通过适当的广告、店面刺激及促销手段等，使消费者的需求由弱变强，或使潜在需求转变为现实需求，从而成功地售出产品，这也是营销得以有效进行的重要基础。

（二）需求是营销理论中的核心概念

1. 营销是为了满足需求

在某些概念中，营销存在的目的就是满足需求。企业在经营管理的过程中必须注重营销，因为营销直接影响企业的产品生产。企业只有关注营销，即关注消费者的需求，生产的产品才能符合消费者的需求，企业才能获得更多的利润。对企业来讲，营销应该发挥以下作用：充分分析当前市场中存在的但还没有得到满足的市场需求，确定市场需求量的大小，然后确定企业发展目标，让企业生产出符合当下市场需求的产品，为市场提供能够满足人们需求的服务。营销可以让消费者的需求得到满足，让企业在满足消费者需求的过程中获得一定的利润。

2. 营销是一种交换关系，是一个复杂的过程

营销活动的开展受到社会或市场利益的驱使，营销活动的参与者需要交换信息、许下承诺，并且不断地巩固彼此之间的关系，通过交流实现自己的目的。企业进行营销是为了满足市场环境中的消费者需求，是为了实现自身的发展目标。因此，企业开展营销之前要做市场调研，确定目标市场、要开发的产品及产品的促销策略。我们可以从三个不同的角度理解营销：第一，从消费者的角度，营销可以被当作为消费者服务而诞生的一种理论；第二，从社会现象的角度，营销可以被当作普通的社会现象；第三，从企业的角度，营销可以被当作企业和市场之间的联系载体和联系桥梁。不同的定义展现了

营销活动本身的复杂性，但是它们都强调了营销人员与消费者之间的互动关系，以及营销的过程性和动态性。

（三）营销理论模型的演变与需求息息相关

1. 需求探知研究的演进推动了营销理论的发展

菲利普·科特勒（Philip Kotler）认为营销管理的范式是：需求分析、营销战略、营销组合、组织实施及最后的营销控制。他认为需求是可以被预测的，企业完全可以通过预测顾客需求确定企业接下来使用的营销策略。

然而，对于这种观点也有不少批评的声音。有人认为需求应该被分为两类：一类是显在需求，它是容易被测量、探知和满足的；另一类是隐性需求，需要使用更加精细化的方法来捕捉。有时候，客户也不一定清楚自己的实际需求，但是，企业可以不断地探寻新方法，试图抓住客户的需求，这就是隐性需求分析法。

因此，当营销方式不同时，探索消费者隐性需求的方法也有所不同。在不断挖掘消费者隐性需求的过程中，需求慢慢地从产品转化为服务，再转化为关系，这一系列转变反映了在隐性需求探索过程中需求的演变。针对不同的需求，企业建立了不同的营销体系，不同的营销体系也引起了很多学者的关注。许多学者都从营销学最初的起点开始探索，分析消费者的需求，然后不断分析营销理论的发展脉络。因此，可以说需求探知研究的演进在一定程度上推动了营销理论的发展。

2. 建构营销模型是为了更好地把握需求

说到营销理论的演变，从 4P（Product，Price，Place，Promotion）到 4C（Consumer，Cost，Convenience，Communication）、4S（Satisfaction，Service，Speed，Sincerity）、4R（Relevance，Reaction，Relationship，Reward）、4V（Variation，Versatility，Value，Vibration）的转变是一个非常典型的过程。这一

系列变化展现了营销理论的发展过程。4P 理论注重消费群体的需求，强调规模营销。为了提高自身的生产效率，企业设立生产产品的流水线，然后进行大规模生产。后来，客户需求发生变化后，4C 理论得到运用，企业的营销策略开始慢慢细化。与此同时，互联网的崛起、现代通信工具的普及也为营销策略的细化提供了技术支持。企业会考虑消费者对产品提出的不同需求，然后进行有针对性的产品设计，最终进行差异化的营销。而且，企业针对一些特殊产品建立了小批量的生产线，开展柔性生产或产品定制和生产预测。同时，企业也加强了与外界的合作，在开展营销活动时开始注重活动与不同部门之间的联系。4R 理论与之前的理论都不同，它除了关注客户本身对产品的各种需求，还关注客户在使用产品过程中的服务需求。也就是说，需求开始从产品的个性化特征方面转向客户对产品感觉的特殊化方面，从单次的产品交易服务转向整个产品交易过程的服务，从注重规模经济转变成注重经济范围。为了更好地满足消费者的需求变化，4V 理论提出了整合营销。该理论指出，企业要进行差异化营销，要将自己与其他企业区别开来，打造独特的企业形象。与此同时，企业要区分消费者，将消费者的需求划分成不同的方面。此外，该理论还指出，要加强产品和服务的柔性，要组合消费者的不同需求，要将产品和服务包含的品牌价值观、文化等综合起来，满足消费者的情感需求。

通过这个演变和发展的过程，我们可以看到：营销越来越注重对消费者需求的满足，越来越强调将消费者放在营销的中心位置，越来越强调与消费者之间的互动、建立长期稳定的关系等。因此，如何探知和确认需求是营销的重要任务。基于对需求的精准把握，营销才具有了科学性，才逐渐走向了体系化。

三、营销调研：尽可能准确地探知需求

（一）营销调研

营销调研的本质是通过信息在消费者、公众与营销人员之间架起沟通的桥梁。信息对营销活动至关重要，营销人员可以使用信息来识别和定义营销的机会和问题，开展、完善和评估营销活动，监控营销效果。

企业的决策者要做出成功且正确的决策也离不开信息。要想开展正确的营销活动，决策者必须拥有合适的信息，这就是营销调研的意义，也是营销调研被视为营销的一个重要组成部分的原因。

预测当前市场需求的大小及未来的需求趋势是营销调研的重要任务，营销调研本身就是一个获取数据、处理数据、解读数据和运用数据的过程。

（二）建立在数据基础上的营销调研保证了营销的科学性

营销之所以是科学的，是因为在营销调研的过程中使用的数据收集方法是科学和严谨的，记录的数据是真实且准确的，营销人员可以通过这些数据分析消费者的行为。与此同时，营销还使用了社会心理学的方法，通过分析已获得的数据去理解人们的内心世界和需求。也就是说，主观和客观相结合的方式可以让营销调研结果更加接近市场的真实需求，可以让消费者和生产者之间实现良好的互动。因此，营销离不开数据，而获得数据主要依赖营销调研。

市场中有各种数据调查机构和数据库，如 CSM 的电视收视率和广播收听率，CTR 的广告投放监测数据、消费行为调研，AC 尼尔森的零售研究、新生代消费行为研究等。随着相关技术的发展，后来还出现了像尼尔森网联这种专门监测数字电视收视率的数据研究机构等。这些数据调查机构及其开展的数据分析工作帮助传统的广告与营销体系实现了最高程度的科学化。

（三）调研方法的专业化保证了数据的真实可信

要想通过调研了解市场需求，就要满足一个基本前提，那就是调研数据必须是真实的。只有真实的数据才能反映消费者的心理，营销人员才能推断出消费者的需求。要想获得真实的数据，就要在采集、整理及分析数据的过程中做到科学精准，营销调研在长久的发展过程中已经形成了一套专业化的调研方法。

数据资料可以分为一手资料与二手资料。一手资料是指为了特定的目的或具体的研究项目而搜集的原始数据资料；二手资料是指为了某些目的而搜集的已经存在的数据资料。通常情况下，这两种数据资料会被综合使用，但大多数时候，搜集一手资料是必不可少的。营销调研通常使用六种方法获取一手资料：观察法、人类学研究法、焦点小组访谈法、调查法、行为资料分析法和实验法。在测量设备方面，由于近年来相关技术不断发展，除了最初的开机率监测手段，视速器、眼动仪甚至神经学追踪仪器等也越来越多地被运用到营销调研中，其目的就是最大限度地利用数据还原消费者的行为与需求。

事实上，要想针对特定受众获取最真实的数据，最有效的方法之一就是普查，即对研究对象进行全面的调查。然而，由于成本较高，以及在原有的技术手段与条件之下普查很难实现，人们通常会选择通过科学化的抽样调查取代普查。在营销调研的数据搜集与获取过程中，抽样调查也同样适用，它能最大限度地接近真实情况，还原消费者的心理与行为。随着技术手段的不断进步，抽样调查有了新的可能性，甚至使低成本普查成为可能。

（四）营销信息系统的建立

要想制定科学合理的营销决策，就要收集很多的信息和数据，还要通过数据库管理和使用这些信息和数据。营销调研涉及的数据库被称为营销信息系统。一般来说，营销信息系统由以下四个部分组成。

1. 内部报告系统

内部报告可以展示与企业营销活动有关的财务信息、生产信息和销售信息。企业营销人员可以通过具体分析这些信息来观察实际执行过程中的数据和预期数据存在哪些差距，并分析市场中出现了哪些机遇和问题。有效利用内部报告系统可以让企业的运行效率更高，也能为营销部门的决策者提供更多精准的信息。

2. 营销情报系统

营销情报系统是供营销工作人员获取外部市场营销环境信息的系统。利用这个系统，企业可以随时了解市场中不同渠道的信息。例如，企业可以通过查阅商业报刊、下载文件的方式或直接联系客户、经销商的方式来获取信息；也可以邀请专家收集市场信息，向市场中的信息提供商购买信息。营销情报系统要求获取信息的程序要正规，要求信息的质量要达到较高的水平，因此企业需要不断地训练营销人员。与此同时，企业应该加强和中间商的合作，加强彼此之间的信息交流。企业也可以多参加各种展览会来获取信息，或者联系相关机构购买信息。

3. 营销决策支持系统

该系统通过使用工具和技术对所收集的数据进行评估和分析，从而为使用者提供决策参考。企业将搜集到的大量数据存储到大型数据库中，使用某些决策工具和技术（如盈亏平衡技术、回归分析模型和线性规划等）对这些数据进行评估，回答相应的问题。例如，企业要研究市场的特性，就要确定潜在的市场需求，分析产品的市场占有率、销售趋势、竞争优势，测试新产品，对产品的长期发展做出预测等。

4.营销调研与分析系统

这是一个相对独立的系统，不通过其他三个系统获取信息。该系统的调研内容和项目是不连续的，不同的内容和项目有自己的开始和结束时间。营销调研与分析系统负责为某一个具体的营销问题搜集数据，目的是提供解决某些具体问题所需的信息。

（五）以营销信息系统为基础的数据库的建立

企业有了自己的营销信息系统后，营销人员就可以利用这个系统慢慢地完善企业的营销数据库，将所有信息划归到不同的类别，并进行信息整理，让信息变成数据，让相关数据为以后开展营销活动提供支持。很多营销机构或咨询公司在最开始建立营销信息系统和数据库时会使用普查方法和抽样方法，但在建立数据库的过程中，这些机构和咨询公司又创造了很多工具和软件。营销机构经常会遇到一个问题：一半广告费用不知道被用在哪里了。所以，它们致力于寻求科学的方法降低广告费用。

例如，国际知名广告公司电通建立了自己的数据库，内容包括广告作品、通告数量、费用统计、家庭收视率、个人收视率、广播收视率、消费者生活意识、媒体接触、广告效果等。建立数据库后，电通提出 CSP 模式（未知—知晓—理解—好感—欲求—行动），该模式可以让企业制定出效果更好的营销方案。该模式具有的特征如下：可以有针对性地使用不同的商品和不同的广告形式，可以对行为效果进行一定的预测，可以加强广告本身的感染力，可以综合考虑品牌形象会受到哪些影响，可以将市场因素纳入考虑范围。

随着营销机构不断探索新的工具和软件，数据与营销的关系变得越来越紧密。这种现象从侧面反映了如果可以使用正确的方法处理数据，就可以更好地开展营销，制定出更有利于提高工作效率的营销方案。在数据挖掘技术出现后，人们获取数据的方式也有了巨大的进步，营销人员可以借助数据与市场进行更好的互动。

营销调研就是运用各种各样的方法来记录消费者的行为、语言和信息，并且利用大量的数据推测消费者的需求。但是，在这个过程中，营销学界与业界发现，即使是被真实记录的数据也未必能完全准确地反映消费者的需求，甚至有时还会误导营销人员，因为消费者自身往往也不能真正了解自己需要什么，所以利用数据分析做出的预测可能会得到与事实不符的结果。

因此，了解消费者的内心，研究其潜意识，掌握其隐性需求，并通过与他们的深度对话来修正营销调研结果十分重要，这种研究方法被称为"消费者洞察"。

四、消费者洞察：对营销调研的必要补充

（一）消费者洞察的概念

消费者洞察是对应于消费者调查的概念，消费者洞察不排斥定量研究（有时候必须做定量研究），但是主要做定性研究，因为它主要从心理学的角度研究消费者对产品、品牌的态度和心理，并进一步挖掘消费者的习惯、经验和价值观等。消费者洞察的研究内容是静态数据背后的动态解释，它是营销人员与消费者沟通并获取消费者反馈的一种重要方法。其结果可用于修正营销调研结果，从而使得最终的营销效果更好。

"洞察"一词在中文中的释义为：深入、清楚地察知，发现内在的内容与含义。在营销理论中，"消费者洞察"这个概念强调对消费者行为的深层理解。虽然不同的研究者有不同的看法，但一般认为这一概念的要点有两个：第一，消费者洞察是通过对消费者的潜意识进行研究来更精准地推断其需求，尤其是他们的隐性需求；第二，消费者洞察是通过与消费者进行深度沟通来更好

地了解他们的需求。也就是说，消费者洞察要求营销人员通过各种方式了解消费者的潜意识和隐性需求，同时与消费者进行深度沟通，以获取他们的真实反馈。

（二）消费者洞察在营销实践中被广泛应用

在营销业界，越来越多的主流机构开始意识到消费者洞察的重要性。在当下的媒体与传播环境中，面对不断改变的消费者群体，消费者洞察已经成为传统的市场调查与消费者调查的重要补充。

1.营销机构开始增设负责消费者洞察的组织

对于消费者洞察的重视，首先体现在越来越多的营销机构开始强调这项业务的重要性，并开始增设相关组织。

例如，在 WPP 集团（Wire&Plastic Products Group，WPP Group），涉及消费者业务的公司已被整合到旗下的凯度（Kantar）集团，这些公司包括特恩斯市场研究公司（Taylor Nelson Sofres，TNS）、The Futures Company、明略行公司等多家全球领先的调研公司。WPP 集团 2011 年在消费者洞察领域的收入占总收入的 25%，而且正在不断开发新的消费者研究与洞察技术。明略行公司开发了粉丝指数这款工具来帮助客户了解 Facebook 上粉丝的传播价值等。

2.新的消费者洞察工具不断出现

为了追求更加准确的洞察效果，消费者洞察工具成为不少营销机构的开发热点之一。例如，北京电通广告有限公司（以下简称"北京电通"）在 2012 年 9 月发布了新的消费者洞察工具。北京电通认为关于价值观的研究有很多，但是关于心理欲望的研究却很少，而对心理欲望的分析可以揭示人们内心深处的核心需求，一旦了解了这些心理欲望，营销人员就能更有效地影响消费者的购买行为。为此，北京电通正式发布了基于研究人类心理欲望的消费者洞察工具——Communication Motivator。

与以往针对价值观和消费者生活形态的调研不同，北京电通根据亨利·默里（Henry Murray）和亚伯拉罕·马斯洛（Abraham Maslow）等人提出的经典理论，在听取了多名消费者心理研究专家意见的基础上，深入挖掘消费者的心理欲望。Communication Motivator 利用因子分析方法将人类欲望体系化，帮助策划人员快速、便捷地洞察消费者的 20 个欲望指标（包括 13 个个人欲望指标、5 个对他人的欲望指标、2 个对社会的欲望指标），再匹配其他对调研数据的分析，洞察消费者的欲望，科学地找出广告或促销的核心创意点，进而真正地打动目标消费者。

奥美是知名的广告公司，它也在消费者洞察方面不断地探索。在探索的过程中，调查人员不再以专题小组为中心，也不再把数据当作唯一的依据，他们开始真正融入人们的日常生活，以录像日记的形式记录人们的生活。工作人员通过这些录像日记可以看到当下年轻人真正的生活状态，而且他们会引导年轻人讲述他们真正需要的是什么，而不是只让年轻人回答他们提出的问题。此外，他们还深入人们的生活环境，了解所有的消费者，了解消费者如何看待品牌。这种调查方式使他们能够了解真实存在的多元文化，获得非常真实的消费行为信息。他们在调查过程中会花很多时间与银行工作人员、教师、母亲、儿童一起购物，通过交谈真正进入他们的生活，对他们进行更加深入的了解。

3. 广告主开始认同消费者洞察的重要性

重视消费者洞察并将洞察结果运用到产品研发与设计、营销策略制定中的企业也有很多，宝洁公司就是其中的典型代表之一。例如，宝洁公司开展消费者洞察活动的频率非常高，基本每个星期开展一次。根据洞察结果，宝洁公司可以做出更好的营销决策。宝洁曾在美国某工业区接手了一个超市，目的就是研究消费行为。超市中有很多种产品，所有来到这个超市的顾客都会受到宝洁公司的深入研究。宝洁公司只有经过详细的市场调研才会针对产品做出决策，而消费者洞察在其中发挥了不可替代的重要作用。

五、数据与营销体系的关联

（一）营销体系科学化的过程是一个数据化的过程

站在社会发展的角度观察营销就会发现，它在社会中的作用是让供需双方可以进行有效的信息交换，最大限度地实现供求平衡。营销让供应方可以根据需求生产产品，让需求方的需求可以得到更好的满足。在这种情况下，供应方会使用其能想到的所有方法去了解需求方的需求，然后设计出符合其需求的产品。然而，如果仅凭经验去判断和决策，结果必然会有偏差，于是数据就成了判断和决策的重要依据。因此，营销从若干个生产者决策和选择方面的观念，演变成一系列的理论和模型，再衍生出许多工具和方法，从而帮助生产者不再盲目地生产和供应。

因此，供应方需要不断地尝试和努力，从自己的角度出发构建一个相对稳定和完善的营销体系，尽可能将需求准确地预测出来。在这样的营销体系中，首先要明确的一点是：假设市场中的需求是可以被预测的，假设供应方可以通过一定的方式去接触消费者，假设消费者可以作为营销信息的接收者而存在。其次，为了与消费者进行沟通，大众媒体将成为营销的重要信息传递渠道。而大众媒体在早期是作为稀缺资源而存在的，具有权威性。最后，为了实现有效的营销，不同的角色如广告公司、媒介代理公司、数据服务机构、公共关系机构、咨询公司等开始出现，这些公司的共同特点是强调科学性，它们对消费者、媒介和广告主进行了大量的数据搜集工作，并以此为基础进行营销策划，制定相应的营销战略。

至此，营销体系的各个环节彼此依存、环环相扣，形成了一个牢固的链条，各个环节日益成熟，真正实现了科学化。这个体系之所以会形成，是因为人们想要了解真实的需求。与此同时，效率与成本的高低也成为判断营销活动成功与否的重要标准。

在营销体系不断完善的过程中，数据发挥了重要的作用，所以，可以将探索真实需求的过程看作数据化的过程。

（二）传统营销的体系化、科学化架构面临着被颠覆的可能

众所周知，科学会因为人们探索事物能力的限制而产生一定的局限性，在信息不充分或手段不先进的情况下，人们进行科学探索时可能得不到正确的结论。但是，科学也可以对这些错误进行纠正，一旦信息变得充分或手段变得先进了，重新经科学探索获得的结果就可以纠正之前的一些错误结论。

这个道理在营销领域也适用，人们在不断探索真实需求的过程中，营销体系也在慢慢完善和优化。尽管如此，它仍是在当下环境中能够获得的最优化的体系。随着相关技术越来越先进，营销体系的发展也慢慢突破了之前的环境限制。如果说原来营销体系的基础是需求和数据，那么正是需求和数据的变化导致整个营销体系出现了震荡。首先，海量数据成为现实，这让营销体系的数据化面临挑战，因为传统的营销调研和数据处理方式无法适应海量的数据。其次，新媒体的出现、发展和成熟在极大程度上改变了原本的传播环境和传播规则，新媒体承担着营销信息的传播工作，也扮演着新型营销产品创造者的角色。最后，营销体系中的角色发生了改变，营销传播的环境也发生了变化，因此用传统方法进行需求推测和需求把握已经变得非常困难。

当整个营销链条中的重要环节出现重大变化时，原本稳定的传统营销体系也就因此改变了。

（三）海量数据的现实冲击了传统营销的科学性

海量数据的出现要求人们掌握存储、处理和计算海量数据的方法。只有营销调研工具和方法得到提升和优化，才能承载处理海量数据的任务。也就是说，只有数据处理与调研工具、调研方法相匹配，营销体系才能发挥作用。

当下所有媒体中的消费者行为信息和语言信息都变成了可以使用的数据。面对庞大的数据量，之前使用的营销调研工具和调研方法已经无法满足数据处理的需要，无法为分析消费者的行为和需求提供支持。

人们意识到，之前针对传统媒体环境创造出来的数据处理方式及营销体系已经无法满足当下的现实需求了。人们开始创造新的营销工具、方法和理念，并开始探讨如何构建适用于新媒体环境的营销体系。

（四）营销环境的变化动摇了传统营销体系

1. 消费者、受众正在改变

在原来的营销环境中，消费者是集中存在且容易被接触的，他们是媒体传播渠道的信息受众。虽然在 1950 年前后就已经有人提出了关于用户信息规避行为的研究，但从总体上看，在传统营销体系中，消费者处于一个相对被动的状态，他们是营销信息的接收者，信息的反馈和规避行为也相对简单。然而，技术改造了社会。一方面，信息爆炸的环境让个体改变了原本的信息接收模式，筛选、回避等行为已经十分常见。另一方面，技术带来的媒体巨变使信息传播渠道发生了极大的变化，消费者或受众开始参与信息和内容的生产，拥有了极大的主动权。在新媒体时代，碎片化和主动性成为消费者最明显的特征，受众的改变冲击着传统营销体系。

2. 信息传播的介质——媒体正在改变

在原来的营销环境中，媒体资源非常少，只有少部分人、少部分机构才能获得媒体资源。在当时的营销环境中，传播体系里的角色都是固定的，传播者主要负责信息的生产，媒体主要负责信息的传播，受众则负责信息的接收。

然而，迅速发展的新媒体颠覆了整个媒体生态：传输网络、内容生产、媒体功能都朝着融合化、平台化的方向发展，媒体和信息的稀缺性不复存在；传播的控制权发生了转移，传播者、传播工具、受众都可以生产、发布、传递和接收信息，传播者和受众原本清晰的边界已经消弭。

在这种情形下，营销人员很难按照原本的方式接触消费者。营销面临以下困难：第一，营销人员无法用有限的媒体形式对碎片化的消费者实现全面的覆盖；第二，用媒体组合的形式去覆盖目标消费者会直接提高营销成本；第三，消费者在传播中的主动性使得营销信息即使被送达也无法保证会被接收。在这种情况下，营销人员发现了一个事实：传统营销体系无法继续发挥作用了。

（五）大数据参与到新媒体营销的每个环节

通过前面的探讨，我们得出了一个结论：营销体系不断完善的过程就是数据化的过程。然而，新媒体的迅猛发展所带来的海量数据让原先的数据化无法实现，这颠覆了传统营销体系。数据的增长已经从量变走向了质变，因此在原有的调研方法、数据分析方法的基础上进行局部的调整和修补并不能解决根本问题。于是，大数据开始渗透到新媒体营销的每个环节中，开始参与到新媒体营销体系的构建中，并对其产生了极大的影响。

无论是基于传统媒体的营销活动还是基于新媒体的营销活动，都离不开几个基本的环节：市场分析、消费者研究、产品与服务的设计和调整、营销战略的制定、营销战略的执行、营销效果的监测与反馈。这些基本环节构成了一个营销的闭环，而大数据已经渗透到了每一个环节中。下面进一步分析大数据是如何影响新媒体营销的。

第四节 大数据驱动下的新媒体营销升级策略

大数据技术可用于收集大量信息，对信息进行优化并从中总结规律，这大大提高了信息资源的利用效率，也促进了新媒体营销的发展，加剧了市场竞争。因此，新媒体要不断升级营销策略，以更好地适应技术变革。

一、大数据时代的新媒体用户群体特征

要研究大数据时代的新媒体营销策略，首先要了解新媒体用户群体，大数据时代的新媒体用户具有以下新特点。

（一）拥有更多的话语权

大数据时代的新媒体用户已经转变了角色。用户以往只是简单地接收信息，而现在他们可以对信息做出反馈，拥有了更多的主动权，他们可以成为信息的来源并通过自己的力量传播信息。近年来，微博、抖音、微信等新媒体应用广泛，让用户拥有了更多的话语权，这对信息传播提出了更高的要求。用户已经成为支配新媒体的重要力量，新媒体要不断地深入了解用户。

（二）年龄层次多样化

近年来，各种新媒体平台如雨后春笋般涌现，用户群体发生了变化，不

再局限于年轻群体，开始向高年龄群体延伸，新媒体不再是年轻人的专利。相关调查表明，很多人都有 QQ、微信、微博、抖音等新媒体账号。其中，各个年龄阶段的用户都广泛使用的软件是微信。微博的使用者主要是年轻人，年龄多在 15 ～ 35 岁。35 岁以上的人使用 QQ、微信较多。因为新媒体用户群体不断扩大，用户年龄层次和需求更加多样化，所以新媒体营销策略要符合不同年龄阶段用户的需求。

（三）消费习惯趋于理性

随着社会经济的发展，人们的精神生活水平也在不断提升，用户更相信自己的判断，不再盲目跟风，不再一味听信媒体和广告的宣传。新媒体用户的学历层次不断提升，用户的主动性更强，在消费时会主动了解商品信息，以便更理性地做出决策。

（四）批判性思维逐步增强

在大数据时代，新媒体用户每天会收到大量的信息，批判性思维显著增强。用户对新媒体传播的信息及采取的传播方式有了更多的思考，能够辩证地看待自己接收的内容，会对各种信息进行筛选，态度更加客观冷静。与此同时，用户也可以成为信息的来源和信息的传播者，他们在传播信息之前会先进行筛选和甄别。

二、大数据时代的新媒体营销环境

近年来，大数据、人工智能等新技术在营销领域的应用日益广泛，这为新媒体营销带来了新的机遇。下面具体分析新媒体营销环境的变化。

（一）新媒体产品不断丰富

新媒体的发展改变了人们的阅读习惯，内容的形式由文字转变为图片，再转变为视频。新媒体产品形态日益丰富，既有问答型新媒体（如知乎）、各种新闻客户端等，也有以抖音为代表的视频媒体等。这些新媒体产品对不同年龄阶段、不同行业的用户的生活、学习和工作产生了深远的影响。未来还会出现更多的新媒体产品，尤其是以今日头条为代表的多功能新媒体产品。这种多功能新媒体产品兼具问答、视频、直播等功能，越来越受到年轻用户的追捧。

（二）新媒体法律法规逐步完善

新媒体产品形态的多样化得益于大数据等技术的快速发展，新媒体一方面为人们提供了更多获取信息的途径，另一方面也成为各种网络热门事件的发源地。如今，人们的日常生活已经离不开新媒体。为了促进新媒体的健康发展，社会各界都在探索使新媒体平台健康发展的道路。与新媒体相关的法律法规正在不断完善，这为新媒体的健康发展提供了法律保障。

（三）新技术提升新媒体功能

大数据时代的新媒体对技术的依赖程度更高。在新技术支持下诞生的新媒体，其形式和功能正在不断发展和完善。尤其是大数据、人工智能等技术的发展，使得语言和图像识别、数据处理、数据分析、信息筛选、虚拟化等领域持续取得突破，这些新技术未来将对新媒体产生更加深远的影响。

（四）大数据及新媒体人才培养得到重视

我国有很多高校高瞻远瞩，很早就看到了新媒体的未来发展趋势，并开始培养相关人才。一批高校开设了新媒体相关专业，如北京大学、中南大学等。很多高校还开设了多媒体和大数据研究中心，如北京大学、中国传媒大学等。

（五）新媒体创新服务比重加大

新媒体创新服务的收入近年来屡创新高，新媒体创新服务主要包括信息服务、版权服务、广告服务等。以前信息和广告宣传的范围有限，而如今借助新媒体平台，信息和广告宣传的范围得以大大扩展。新媒体通过不断的创新逐步扩大服务范围，服务方式也变得更加新颖。

三、大数据时代的新媒体营销存在的问题

（一）新媒体营销内容低质化

大数据时代的新媒体发展速度加快，企业必须紧跟时代发展步伐，才能借助新媒体取得更大的发展。当前，新媒体营销的核心问题是营销内容质量低，一些企业将新媒体作为技术和渠道，在新媒体上开展营销活动，但营销内容同质化、缺乏创新，有的内容还是传统媒体的内容。这种做法忽视了在新媒体营销环境下用户多样化的需求，只会造成资源的浪费，并不能获得良好的营销效果。

（二）新媒体营销效果片面化

衡量新媒体营销效果的重要指标有阅读量、点击率、转发量等，这些指标也可以用于衡量信息的价值。但是，过分看重指标也会带来一些不利影响，有时信息的传播量很大，但是产品的销量很低，或者产品的销量只是在短期内有所提升。从短期来看，这提高了企业的收入，但只是"虚假繁荣"，并不能从根本上解决销售问题。此外，因为新媒体和社交平台联系密切，一些商

家会在社交平台上强行做推广，使平台里出现大量的点赞、转发、分享等信息，这虽然可以在一段时间内提高营销效果，但实质上是对社交关系的透支，会使新媒体用户的体验下降，甚至会让一些用户产生厌烦情绪。

（三）新媒体营销内容关联度低

新媒体营销内容的低关联度问题是指新媒体提供的营销信息与产品或服务的关联度不高。网上有很多流行语和网络热词，这些网络热词的传播范围很广，一些企业为了吸引受众，滥用网络热词，忽视了网络热词与产品或服务的关联。一些企业为了吸引流量，随意制造各种热点、进行炒作，希望借此提高产品的销量，殊不知这种方式是对用户情感和信任的透支，会让新媒体在用户心中失去权威性。还有一些企业在传播信息的过程中故意制造舆论，引发公众关注，但传播的信息主观性很强，甚至容易误导公众。上述做法一味地追求流量，却忽视了营销信息与产品或服务的关联，因此无法达到预期的营销目标。

四、大数据时代的新媒体营销升级策略

（一）发挥大数据的捕捉功能，了解用户行为偏好

要想提高新媒体营销的水平，首先要升级数据，建立完善的信息收集体系，并严格管理各种消费数据，实时监控和收集网上的消费数据。企业要注意从不同的渠道获取用户信息（如用户的上网浏览记录及分享、点赞等行为数据），了解用户的偏好，掌握用户的特征。企业要构建用户画像，掌握用户的年龄、性别、职业、消费行为等，与用户保持密切沟通，收集用户反馈，对消费数据进行整合。

（二）发挥大数据的描述功能，掌握用户消费行为动态

企业要利用大数据获取用户相关信息，将用户分为不同的群体并赋予其一定的标签，对用户的消费特征和行为倾向进行细致且深入的描绘，如用户的兴趣爱好、收入情况、购买力、购买方式等。企业要对用户的消费行为进行动态跟踪，这有助于实现精准营销。

（三）发挥大数据的预测功能，把握用户生命周期

在大数据时代新的营销模式不断产生，新的营销模式往往建立在数据的基础上，尽力先收集相关数据再做出预测最后满足用户多样化的需求。企业可以将用户的特征描述出来，明确服务的对象和群体，根据用户过往的消费情况预测用户未来可能的消费行为。用数据说话，以数据为准，为用户提供更精准的服务才是制胜之道。例如，淘宝网卖家在推送服务和产品信息前会收集用户信息，预测用户的消费行为。

（四）发挥大数据的判断功能，深度经营用户关系

企业可以利用大数据对用户的消费行为、消费习惯、媒体使用习惯有一个基本的把握；可以对目标群体进行筛选、分类、归纳，深入挖掘目标群体关系，然后在新媒体上进行广告宣传；可以跟踪用户在新媒体上的浏览行为，从中获取有价值的信息，实现精准营销，再获取用户的反馈，形成跟踪、营销、反馈的新媒体营销链。例如，便利店小程序和公众号可以根据会员的消费行为确定需要购买早餐的用户群体，进而培养一批忠诚的消费者。

第五章

大数据驱动下的消费者模式——以用户画像为例

5

第一节　大数据改变了营销传播中的用户

用户画像是营销人员对用户进行全方位了解的一种工具。在实际的操作中，构建用户画像需要投入一定的人力、物力和时间。如果条件有限，营销人员也可以利用大数据在较短时间内了解目标用户的主要信息，此时，巧妙地运用社交媒体上的信息迅速了解目标用户是非常重要的。

一、大数据帮助营销人员更加迅速地了解用户

在新媒体时代，用户在社交媒体上留下了大量的信息和数据，但是，这些信息和数据过于繁杂，而且绝大部分数据并非结构化数据，所以使用传统的数据处理方法很难从中挖掘价值，而大数据技术的出现恰好解决了这个难题。

例如，计算机可以通过人们的日常语言分析出某个人的独特性格。也许很多人会因为该性格分析技术较低的普及率而对其产生怀疑，但是造成这种现象的主要原因是过去缺乏语言文本的获取途径。而现阶段的社交媒体和数字通信技术为该应用提供了相关、现成且随处可见的信息来源。

二、大数据帮助营销人员更好地调整产品和服务以满足用户需求

营销的目的就是了解并满足用户需求。首先，营销人员设计出相应的产品和服务；其次，营销信息的传播平台精准地传递营销信息。

这两点的共同前提都是对用户需求进行充分了解。大数据可以帮助营销人员更加精准地了解用户需求，及时获取并处理用户的反馈信息与数据，将

数据资产的价值最大化，为营销链条中的每一个环节带来更大的收益。

　　例如，新浪微博曾经成立过一个战略级别的秘密项目"达尔文"，该项目基于对新浪网、新浪微博等产生的海量数据的结构化处理，将数据按照人、物、关系进行业务价值和商业价值的重组，使数据服务于新浪微博的智能推荐、搜索、广告等用户产品与商业产品，最终实现数据资产的价值。新浪微博早期的目的是连接人与人。但是，每个人在一天24小时内会产生很多节点，如听过什么音乐、看过什么书、去过什么地方、喝过什么咖啡等。"达尔文"项目的目标就是将这些人、节点、物连接在一起，形成一个大数据模型。通过大数据理顺这些关系将给新浪微博的商业模式带来革命性的变化：一方面，新浪微博可以为用户提供更加精准、更加智能的产品投放与推荐服务，提高用户的活跃度和参与度；另一方面，新浪微博可以为广告主与商家提供基于用户兴趣的、更加智能的一站式广告服务。

　　除了开展"达尔文"项目，新浪微博在同时期发布的大数据移动产品Page也在很大程度上方便了用户检索与查看各种有价值的微博内容。具体来说，用户可以在新浪微博上生成各种与餐饮美食、音乐、图书、话题等内容相关的专属页面。

　　新浪微博以用户兴趣为驱动力，而大数据可以把人、兴趣、物有效地串联在一起。广告主最关心的就是用户兴趣，精准了解用户兴趣可以给广告主带来更多的价值，这是新浪微博优于其他社交平台的地方之一。

第二节 大数据驱动下的用户画像构建方法

以大数据为切入点研究用户需求，对用户研究意义重大。为了在产品设计初期提升营销的精准度，企业往往会构建用户画像，促进开发人员和设计人员理解用户需求。同时，企业通过识别用户特征、细分用户类型、以用户特征为依据定义典型用户，可以进一步明确用户的产品需求和倾向。

一、用户画像的特点

事实上，用户画像本身并不是一种全新的消费者研究方法。如果将用户画像与其他消费者研究方法进行对比，我们可以看到用户画像具备以下两个较为明显的特点。

（1）用户画像对数据的要求较高，虽然采用传统的调研方法也可以构建用户画像，但是基于大数据的用户画像能够发挥更大的作用。因此，本章介绍的用户画像的一个重要基础就是"掌握大量用户数据"。

（2）作为定量方法和定性方法有机结合的产物，用户画像的定量化前期调研可以为调研者呈现一个较为精准的用户群体印象，这对后期对用户进行排序和创建用户角色，以及进一步突出规模较大的或核心的用户群体具有重要意义。虽然在比较和统计分析不同对象特征的数量方面，定性化方法存在明显的劣势，但它可以归纳、分类和比较对象，从而概括某个或某类对象的特征和性质。将定性化方法渗透到角色构建过程中可以获得大量关于用户使用场景、生活情境及用户心智等方面的资料，从而使用户分类更精准。基于后台数据的支持和对后台数据的挖掘，我们可以通过将定性化和定量化方法有机地结合起来，完成用户画像的构建。

二、用户画像构建

以数据来源为划分依据，现阶段构建用户画像的方法主要有两种，第一种方法是以人文学科范畴为基础来构建用户画像，第二种方法是以数据统计和计算机等范畴为基础来构建用户画像。对前者而言，关系信息、事件系统和业务系统等是构建用户画像的主要数据来源，其劣势在于用户画像的全面性和准确性不够高。对后者而言，大数据、物联网、移动互联网等是构建用户画像的主要数据来源，企业通过多种渠道获取用户事件信息、用户社交信息和产品信息可以兼顾全面性和多维度的用户动机。但是，由于过度依赖数据，用第二种方法构建的用户画像缺乏一定的情感性，因此在获取深层次用户动机方面存在一定的局限。在管理决策领域的专家看来，采用单一方法所构建的用户画像无法更好地展现产品和用户之间的关系，若想获得用户的行为动机和期待趋势，就要将上述两种方法有机地结合起来，以提升结果的可靠性。基于人类解决复杂问题的思维模式提出的定性与定量综合集成方法的三层次理论框架包括综合集成求解层、定性处理层和定量分析层。综合集成求解层获得定量结论的途径是组合子问题逻辑模型，以相关领域知识为切入点来完成定性归纳，从而找到解决问题的关键。定性处理层旨在明确问题的概念属性和相互关系，主要采用定性研究方法。定量分析层构建逻辑模型的主要途径是通过定量研究方法分析子问题。

（一）运用大数据方法生成用户画像研究综述

大数据技术的迅猛发展带动了用户画像含义的变化，用户画像的研究方向逐渐转向以大量数据为依据，对用户加以抽象，使用户成为建立在真实数据之上的标签，用标签指代某个用户信息。用户画像最重要的作用在于为企业理解用户喜好提供帮助，从而极大地促进企业进行个性化推荐和精准营销。通过研究使用大数据构建用户画像的相关文献，我们归纳出了以下几种不同的方法，即基于规则提取的方法、基于统计分析的方法、基于主题模型提取特征的方法、基于聚类的方法、基于深度学习的方法。

（二）基于规则提取的方法

研究人员以业务特征为依据，通过自主构建规则对用户标签进行判断和分类，并将用户细分为不同类别的人群，从而构建用户画像的方法，即为基于规则提取的方法。该方法受到不同规则的影响，生成的结果也具有明显的主观性和差异性。

以各个系统的数据为划分依据，用户画像可以细分为触点画像、产品画像、行为画像、用户生命周期画像等。例如，电信运营商在预测流失用户时可以构建用户流失模型。医院可以基于患者的基本数据构建标签，并基于患者信息提取更多的标签，然后完成患者画像标签库的构建。购物网站可以通过挖掘用户评论数据，以基础属性、社交属性、价值属性和行为属性为切入点，完成对用户画像标签库的构建，并以基于规则提取的方法构建用户画像，这对购物网站更加深刻地理解用户，进而实现精细化管理具有重要作用。知乎在挖掘用户的公开数据时，以自然属性、能力属性、兴趣属性和社交属性为切入点，综合应用基于规则提取的方法对用户的不同属性进行描述，以更加深刻地洞察用户。

（三）基于统计分析的方法

研究人员在分析数据的过程中充分利用某些统计分析工具，以获取用户各项特征分布结果（如兴趣分布、基本属性信息分布等）的方法，即为基于统计分析的方法。该方法分析的数据主要为定量数据，对定性数据缺乏普遍适用性。

例如，以数据统计分析方法为指导，抓取并分析粉丝群体的基本信息，这是微博构建粉丝群体画像的主要方式。电信运营商在统计分析用户使用行为及偏好的过程中可以利用相关数据构建用户流失模型，并对其中某些数据进行聚类分析，进而判断用户流失情况。

（四）基于主题模型提取特征的方法

在文本分析和数据挖掘等技术的支持下，围绕文本内容建模，通过提取一段文本的主题分布情况，以不同文本的主题为依据来更好地理解用户，进而掌握用户的偏好，即为基于主题模型提取特征的方法。

例如，我们分析花瓣网（图片社交媒体）的数据后发现，花瓣网在提取用户喜好时运用隐含狄利克雷分布（Latent Dirichlet Allocation，LDA）主题模型方法构建贝叶斯模型，可以构建较为准确的用户画像，从而使不同用户在访问花瓣网时，能够获取与其兴趣一致的推荐内容。再如，在用微博链接京东数据以实现二者之间的数据互通时，我们可以采用以 LDA 为基础构建的主题分类模型和传统分类模型，研究用户消费能力和基本信息之间的关系。又如，在识别微博意见领袖方面，我们可以采用 LDA 主题模型方法构建微博意见领袖的用户画像，在划分用户类型时充分发挥微博数据的作用，然后在划分结果的基础上提取不同类型用户的基本特征，构建用户画像。这种方法在微博舆论监控治理领域取得了较为显著的成果。在预测微博用户的基本信息方面运用基于主题模型提取特征的方法，在分析用户行为数据以把握用户的兴趣爱好方面灵活运用基于规则提取的方法，综合运用以上两种方法构建用户画像，可以帮助微博为用户推荐更精准、更符合其兴趣的内容。

（五）基于聚类的方法

以相同特征为依据对群体进行类别划分，即为聚类。聚类方法的作用集中表现为找出用户群体中基数较大人群的用户特征，进一步明确用户之间的内在关联和差异性，从而识别主要用户群体。

例如，运用不同的方法分析网易云和微博两个平台的数据，在预测用户人格和分析用户的音乐偏好方面应用卷积神经网络模型和聚类算法，能够获得较为全面的用户画像。又如，通过对每个用户的主页信息进行向量化，在聚类算法的指导下进行用户分群，在丰富画像个人信息的过程中额外引入Twitter 的数据，就可以自动生成用户画像。

（六）基于深度学习的方法

在定义和判断用户信息时充分发挥神经网络模型的作用，在预测和分析未知的用户属性时参照已有的数据内容，推动生成特定的目标用户画像的方法，即为基于深度学习的方法。

根据现阶段的情况，用于构建用户画像的数据主要包括两类：第一类是企业内部数据，第二类是包含多重公开网络数据资源（如商品评论数据、社交网络数据等）在内的企业外部数据。

站在企业的立场考虑，要想让营销充分发挥作用，就要对内部各个系统中尚未被合理开发和充分利用的数据进行挖掘、整合和处理，从而完成用户画像的构建。基于深度学习的方法的优点是：由于单个用户有较为丰富的数据维度，所以获取的关于用户使用产品的信息会更加详细，企业对用户的分析会更加全面。其缺点是：展现在企业各个平台上的内部数据过于分散，缺乏统一的数据规范，如果企业未在早期形成数据规划，在后期统一整理数据的难度就会很高。

各类社交平台兴起之后，以各类平台公开数据为研究对象的研究变得日益丰富。社交网络除了覆盖现有用户，还覆盖了潜在目标用户。社交网络可以通过更深刻地理解全量用户，帮助企业理解用户的生活方式、兴趣偏好等。满足数据所属平台更精细化、个性化的运营与推荐需求，预测和分析用户某方面的能力或属性，以及提供舆论监督建议等均属于现阶段用户画像的研究应用方向。但是，以企业外部数据为依据构建产品层面的用户画像，并通过分析用户需求等为产品设计提供参考意见等方面的研究尚处于起步阶段。因此，本书主要围绕这一部分内容展开研究，以期能够在大数据的作用下，为企业洞察用户及制定决策提供一定的帮助。

第六章

大数据在新媒体营销中的多维应用实践研究

6

第一节 大数据协助营销人员优化广告创意与活动

一、由群体智慧引发的营销创意

大数据正在引发一场智能广告革命。在智能广告环境中，4A 广告公司（国际上有影响力的大型广告公司）不再是知名广告的主要生产者，智能系统将超越 4A 广告公司自动生成大量传播范围极广、传播效果极好的广告。

近年来，Facebook 的广告收入迅猛增长，这要归功于其高精准的、能代替传统广告代理公司的广告系统。在该系统中，广告客户只需要将产品照片上传到数据库，系统就会根据 Facebook 用户的兴趣为其自动生成广告，然后根据用户关系图谱精准地投放广告。

在拉里·韦伯（Larry Weber）看来，大数据涵盖的内容非常丰富，包括信息化的用户交易，社会化媒体中的用户行为、用户关系及无线互联网中的地理位置数据。大数据能获取用户在社交网络中的踪迹，智能广告可以利用相关数据对用户进行深入分析，从而实现广告的精准投放。托马斯·克伦普（Thomas Crump）认为，人是数据的本质，所以，数据挖掘就是对人类自身进行分析和研究。

在大数据的作用下，社交广告变得越来越流行。社交广告逐渐摆脱广告的身份，变成了故事或游戏。例如，在腾讯智慧峰会上，奥美日本董事长播放了一段酷似魔幻电影片段的视频：在安静的巴黎，神秘的大门前聚集了 60 位前来找寻巴黎水的客人。该视频讲述了一个充满奇幻色彩的寻宝故事。再如，雀巢公司为了做好"笨 NANA"的推广营销，在腾讯游戏平台上定制了小游戏，"笨 NANA"在这个游戏中是小猴子的重要食物。

从形式上看，智能广告正朝着强互动的方向不断发展。借助大数据，用户产生了很多自发性的智慧，这些群体智慧最终形成了营销创意。

在互动广告领域，耐克公司总能提出非常好的创意。耐克公司曾推出这样一个微信活动：用户上传一张自己喜欢的鞋样图片，耐克公司会根据图片生成产品图样，如果用户对图样满意就能直接付款购买该产品，这个活动做到了真正的个性化定制。在日本，用户只需对着摄像头模仿 Nike Free Run+ 这款鞋子的造型并做鬼脸就能参加耐克公司发起的奖励活动，有机会获得耐克公司提供的购物券。对营销人员来说，追踪消费者花费最多的场所，定位消费者，在不干扰消费者的前提下为其创造更多的价值是永恒的课题。对消费者来说，只有那些能赢得他们喜爱的东西才是他们真正需要的东西，而消费者最喜爱的东西是由他们自己创造的东西。

二、由海尔公司发起的"立硬币"挑战活动

由海尔公司发起的"立硬币"挑战活动是一个比较成功的社群营销案例。

2016 年 10 月，海尔公司为了展示海尔洗衣机在洗衣过程中的安静与平稳，发起了在运行的洗衣机上立硬币的挑战活动，这个活动在全国掀起了一场立硬币的风潮，为海尔洗衣机的口碑传播助了一把力。据统计，从 2016 年 1 月到 11 月，海尔洗衣机直驱电机系列产品的销量突破 100 万台。

海尔公司发起的"立硬币"挑战活动是对传统营销方式的冲击。在这种新的营销方式中，消费者由被动接收营销信息转变为主动了解产品、认识品牌。这种逆向思维体现了海尔公司对社群的独特理解，真正实现了让消费者在参与活动的过程中感受乐趣、体验产品功能、感知品牌温度的目的，也为海尔的社群营销带来了更多的可能性。

由此可见，不论采用什么样的营销方式，营销人员都不能将自己的思维

禁锢到传统的定义和常规的方法中，灵活运用创意但又不脱离实际才能得到意想不到的效果。

尽管"立硬币"挑战活动是对社群营销的一种创新，但营销的本质并未改变。海尔公司通过调研将抱怨传统洗衣机噪声大的消费者看作一个社群，对传统洗衣机的不满就是这个社群的共同点。海尔公司结合线上和线下资源，在各大商场、实体店发起"立硬币"挑战活动，同时在微博等各大社交平台同步发起该活动并引导消费者进行传播扩散。

社群营销是以社交关系链为基础的传播活动，能够产生十分显著的口碑效应。海尔公司通过一系列的社群营销活动加强了消费者和品牌之间的联系，由此形成的社群关系显然比普通的买卖关系更为牢固。这些社群营销活动既提升了消费者的品牌忠诚度，也满足了海尔公司想要塑造全新品牌形象的诉求。

此外，该营销活动的成功也直接反映在产品的市场表现上。相关数据显示，在活动期间海尔滚筒洗衣机的销量增速是整个家电行业销量增速的10倍。海尔洗衣机占据国内洗衣机市场近30%的份额，稳居行业第一，真正实现了大体量下的高增长。

第二节　大数据与谷歌的广告营销

谷歌的广告服务体系主要面向广告主和发布商两大群体，无论是产品级广告服务，还是平台级广告服务，谷歌都充分发挥了自身在大数据方面的优势。

一、谷歌的程序化广告产品

在谷歌广告服务体系中，AdWords 和 AdSense 应该是早期最能体现谷歌特点的广告产品。前者为广告主提供了基于关键词投放广告的机会，后者则让互联网中的网站找到了新的盈利渠道。Google Display Network（GDN）和 DoubleClick Ad Exchange 是平台级的广告产品，前者为广告主和网站提供了自由的交易空间，后者则是谷歌打造开放广告系统的重要桥梁。

（一）AdWords：以关键词为基础，为广告主提供广告服务

AdWords 并不是世界上第一个借助搜索引擎进行广告推广的产品。早在 20 世纪 90 年代，Lycos、Ask Jeeves 和 Excite 等搜索引擎就已经开始通过直显广告获得收入，但那些广告的点击量往往会在一段时间后开始下降，搜索引擎公司和广告主的收入也开始下降。谷歌在原有搜索引擎直显广告模式的基础上，于 2000 年推出了 AdWords。广告主只需要通过 AdWords 创建简单的基于文字的广告，就可以使广告获得相应的展示。同时，广告主还可以在 AdWords 后台系统中看到广告的点击率、展示次数、平均排名等信息。谷歌也将 Ad Analytics 等分析工具整合进 AdWords 管理系统中，广告主可以根据自身需要，针对广告效果、投资回报率等生成分析报告，进一步优化广告投放。

（二）AdSense：让发布商展示与网站内容相关的广告

目前，在全球访问量排在前 200 名的网站中有 65% 的网站都在使用 AdSense。站长可以通过使用 AdSense 成为发布商，在自己的网站上展示各种类型的谷歌广告，或者向网站用户提供搜索服务。谷歌会按照广告点击次数支付佣金，帮助发布商将流量变现。

AdSense 现有的广告类型主要包括传统的内容广告和搜索广告。前者是

在发布商网站上显示与页面内容高度相关的广告，从而吸引用户的关注；后者是在发布商网站中植入谷歌搜索框，让用户在自主搜索的过程中浏览广告。随着移动终端的发展，AdSense 也进入了移动广告领域，以帮助发布商扩展盈利渠道。

此外，AdSense 的广告形式也发生了变化，出现了跳转广告和互动广告。以互动广告为例，用户可能想在网站上看一场音乐会的现场直播，AdSense 可将直播以广告的形式推送到发布商网站上，只要用户的鼠标指针在这个广告上停留超过 3 秒，这个静态广告就会扩展成一个较大的广告栏，用户可以直接在这个广告栏里观看整场音乐会。

（三）GDN：广告主选择网站投放，网站从中获利

谷歌的平台级产品 GDN 目前可以覆盖全球 83% 以上的互联网用户。它可以将互联网中的诸多网站集合起来，如新闻网站、博客等，以便广告主选择要在何处投放广告。它的广告形式也多种多样，主要包括文字广告、图片广告、视频广告、富媒体广告等。广告主可以选择关键字、展示位置、受众、网站主题等，让 GDN 知道将在何处展示广告及广告应覆盖哪些人群。例如，广告主可以选择"汽车与车辆"这一主题，相关的广告会出现在 GDN 中与汽车相关的网站和展示位置上；广告主也可以同时选择要展示的网站，如纽约时报官网，相应的广告会出现在纽约时报官网中与汽车主题相关的网页中。

GDN 还为广告主提供了多种类型的辅助定位工具，以帮助广告主做出更好的判断。例如，GDN 有基于兴趣的定位工具，谷歌通过分析用户的上网行为，根据不同的兴趣爱好对人群进行分类，让喜欢体育的人成为一个群体，喜欢旅游的人成为另一个群体。广告主可以利用这些数据，针对用户的不同兴趣爱好，展示与用户兴趣爱好最相关的广告。用户甚至可以通过广告偏好管理工具来自定义兴趣爱好，这样就可以只看自己感兴趣的广告，屏蔽自己

不感兴趣的广告。用户的这种行为还可以帮助广告主更精准地定位目标用户。

（四）DoubleClick Ad Exchange：打造更开放的广告生态系统

在互联网广告生态链条中，广告主和发布商分别处在一头一尾的位置。随着整个广告市场的扩大，一个广告主面对成千上万个发布商的局面将会出现，此时就需要一个中间方平台，同时服务于广告主和发布商。这样的中间方平台就是广告交易平台，谷歌的 DoubleClick Ad Exchange 就是其中之一。

DoubleClick Ad Exchange 的交易模式体现了"捕捉—反馈—竞价—展示"的全过程。首先，当用户浏览供应方平台（Supply-Side Platforms，SSP）的发布商网站，即浏览了网站中的某个广告时，SSP 就会向 DoubleClick Ad Exchange 发出信号，告知有一个访问请求，并且将广告位的具体信息（如所属站点、最低出价）及通过数据管理平台分析并匹配好的用户属性信息反馈给 DoubleClick Ad Exchange。接着，DoubleClick Ad Exchange 将这些信息发送至需求方平台（Demand-Side Platforms，DSP）。然后，DSP 的多个广告主进行实时竞价，出价最高的广告主的广告将在 SSP 的发布商网站中得以展示，被用户浏览。

构建 DoubleClick Ad Exchange 的意义在于，对于 DSP 的广告主来说，在平台中售卖的已经不是传统意义上的广告位，而是有可能浏览这个广告位的具体用户，广告主可以根据用户的具体属性获得最大收益。而对 SSP 的发布商来说，DoubleClick Ad Exchange 也解决了他们急需将流量变现的问题。

为了让广告交易平台更好地服务广告主、发布商和用户，谷歌也开发了一系列配套的工具型产品，如 Google Trends 和 Google Analytics。

以 Google Trends 为例，它是一种关键词研究工具，可以优化 AdWords 等产品的使用体验，其主要功能是查看关键词在谷歌上被搜索的次数及变化趋势。用户可以自行选择查询范围，可以选择在什么区域范围内查询、在什么时间段内查询；用户可以选择查询什么类别的内容，如游戏和艺术；用户还可以选择通过谷歌的哪些产品页面进行查询，如关键词搜索和图片搜索等。用户在输入需要查询的一个或多个关键词后，谷歌会通过柱状图和曲线等形式显示搜索量的变化，以及搜索这些关键词的用户搜索过的其他相关关键词的搜索数量变化情况。

二、谷歌程序化广告的战略与布局

2015 年 6 月 17 日，谷歌宣布对旗下的产品 DoubleClick 进行全面升级，并发布了新的标识，这预示着谷歌将为广告主和发布商提供更全面和更成熟的程序化广告服务。谷歌对程序化广告服务的探索以明确的平台定位为起点。经过多年的精耕细作，谷歌的程序化广告业务已经初具规模，形成了以技术为驱动、覆盖全流程的完整业务链条。

（一）明确定位，建构程序化广告业务

受益于美国发展相对成熟的数字广告市场，谷歌在程序化广告领域的探索起步也比较早。2007 年，为了服务更多的品牌广告主、进入更广阔的市场，谷歌以 31 亿美元的大手笔收购了网络广告管理软件开发与广告服务商 DoubleClick 公司，这一举措使谷歌在增强自身技术实力的同时开始了在程序化广告领域的布局。

谷歌对程序化广告这一概念的定义非常清晰，即通过技术实现自动化的广告投放、交易与优化，让广告主实现从购买媒体到购买精准受众的根本转变，真正提高广告投放效率。基于此，谷歌将自身定义为广告主与发布商之间的桥梁，即帮助广告主实现高效、便捷的程序化广告投放与交易的平台。谷歌依托 DoubleClick 的原有架构及长期积累的广告资源发展程序化广告业

务，并将这一业务全面对接并融合到谷歌整体的广告业务体系中。

从产业链的角度来看，谷歌以 DoubleClick 为基础，引入实时竞价系统，推出广告交易平台 DoubleClick Ad Exchange、数字营销平台 DoubleClick Digital Marketing（DDM）及发布者平台 DoubleClick for Publishers（DFP），这三个平台共同打通从买方到卖方的整个广告投放环节，构建核心业务链。从具体的服务来看，这三个平台向广告主和发布商分别提供了丰富且多元的产品与服务，支撑着程序化业务的高效运行。其中，DDM 平台由多个产品和服务组成，包括第三方广告投放平台 DoubleClick Campaign Manager（DCM）、富媒体平台 DoubleClick Rich Media（DRM）、需求方平台 DoubleClick Bid Manager（DBM）及搜索平台 DoubleClick Search（DS），这四个平台汇聚了拥有不同需求的广告主，分别用于广告主对展示广告、富媒体广告和搜索广告等不同类型广告的统一监测、分析和管理。

DoubleClick Ad Exchange 作为广告交易平台，始终是进行程序化广告交易的关键所在。最初，该平台利用 RTB 技术实现了实时竞价广告购买模式，提升了流量变现能力，实现了广告的精准投放。2014 年，谷歌向该平台引入新的购买方式——程序化直销（Programmatic Direct），以满足部分品牌广告主对更优质流量的需求。在引入程序化直销的第一年，在 25 家优质的发布商中有 8 家发布商广告数量的 10% 是通过程序化直销的方式进行销售的。围绕广告交易平台，谷歌还推出了受众管理、广告制作与管理、网站管理和规划服务、广告销售与财务管理服务、移动服务及广告效果优化服务等多元化的广告管理服务，以帮助广告主更便捷、更有效地实现广告的程序化投放。

在强大的技术支持下，谷歌的程序化广告业务已经形成完整的架构，服务于日益多元化的品牌广告主。

此外，谷歌将 AdSense、AdWords、Google Analytics 等平台的工具和所积累的资源对接并应用到程序化广告平台的不同环节，真正体现了谷歌的平台优势及资源汇聚能力。谷歌已经建立了覆盖所有环节的、体系化的操作流程，能够为广告主提供一站式的程序化广告解决方案。

（二）基于开放数据，优化用户洞察结果

了解用户是有效投放广告的关键，而掌握并应用数据则是洞察用户的关键。谷歌以一种开放的姿态发挥桥梁作用，帮助广告主优化洞察结果。谷歌的具体措施如下。

（1）以开放的心态汇聚并打通多源数据。汇聚在谷歌程序化广告平台上、用于了解受众的数据主要分为两类：第一类是来自广告主的第一方数据，第二类是来自第三方平台的数据。程序化广告平台所覆盖的数据包括用户的兴趣爱好、社交行为、媒体接触行为、在线交易行为与生活轨迹等。这些数据的获取方式主要有两种：第一种是通过直接的业务合作获取，包括与广告主、第三方平台进行合作；第二种是通过谷歌旗下的其他产品或工具的长期沉淀和积累获取。例如，谷歌通过超过 10 亿的安卓（Android）用户掌握大量的用户信息与行为数据。再如，那些并未与谷歌进行广告业务合作的广告主、电商网站可能会长期使用 Google Analytics Premium 中的功能分析自身网站的运行状况，这些网站的部分数据自然而然地沉淀和汇聚到了 Google Analytics 平台上，谷歌在保证数据安全和用户隐私的前提下会将这些数据用于程序化广告业务。

除了数据获取，打通数据的关键还在于识别隐藏在不同终端背后的同一个用户，对其进行全面的洞察，然后实现精准的跨屏投放。在这个方面，谷歌主要通过同一账号识别不同终端和媒体上的同一用户，进而打通该用户在不同渠道产生的各类数据。

（2）运用数据优化洞察结果。在数据运用层面，谷歌主要从以下三个方面帮助广告主进行用户洞察。首先，在与用户的互动中，广告主可以利用

DoubleClick 平台中的标签管理系统，在每个品牌与用户的接触点收集用户数据。其次，谷歌通过对历史数据和实时数据的整合，如离线数据、客户关系管理数据、营销数据及第一方和第三方数据，获得用户的跨屏、跨渠道、跨环境数据。最后，谷歌定期对产生于用户、广告创意及媒介投放的数据进行分析，帮助广告主了解营销的可行性，从而进一步完善品牌的营销策略。

从本质上说，谷歌并不以数据决定洞察，而是运用数据优化洞察的准确性与营销策略的可行性。无论对第一方数据、第三方数据，还是对某些电商网站品牌旗舰店的第三方平台数据的运用，以及对广告主自身不断累加的数据的运用，都是为了将洞察做得更好，都是为了优化洞察结果。以婴幼儿奶粉的用户为例，从用户人群来看，传统观点认为，22～44岁、拥有3岁以下孩子的女性是这类广告的受众；但是通过对大量数据的洞察可以发现，买奶粉的顾客不仅有女性，男性（爸爸）也会买奶粉，年龄在60岁以上的人（爷爷、奶奶等）同样会购买奶粉。从购买时间来看，传统观点一般认为每周一早上9点顾客会进行购买；但通过分析掌握的购买数据发现，顾客真正购买奶粉的时间可能是晚上11点以后。这些发现能够为广告主了解品牌的目标用户、制定营销策略提供重要的参考。

（三）将技术运用到广告创意与投放中

为了帮助用户获得真实的品牌体验，谷歌尝试与时下最具代表性的品牌及最具创新意识的营销商合作，共同开展"Art Copy & Code"项目，该项目旨在揭示如何将技术与创意巧妙、深度地结合起来。作为创意执行的助手，谷歌主要通过以下两种创意表达方式帮助广告主更巧妙、便捷地表达和呈现创意：第一种方式是运用 HTML5 技术，针对移动设备的特点，帮助广告主完成创意设计，如触屏、加速计、基于位置的信息等；第二种方式是使用动态的创意设计向用户实时推送相关性最强的信息。

第一种创意表达方式是富媒体广告。DoubleClick 平台的 DoubleClick Rich Media 与 DoubleClick Studio 都支持 HTML5 技术，广告主可以面向不同终端制作丰富的多媒体广告，使搭载不同系统的设备都能显示 DoubleClick 的互动富媒体广告。

以谷歌与博柏利（Burberry）共同打造的宣传活动"Burberry 之吻"为例，当消费者访问对应网站，对着网络摄像头嘟起嘴时，网站就会检测嘴唇轮廓。如果用户使用的是智能手机或平板电脑，就可以直接亲吻屏幕来记录嘴唇轮廓。在网站成功捕捉到唇形后，用户可以选择 5 种不同颜色的博柏利唇膏完善自己的唇印，男士还可以选择"无口红"选项。此外，用户在进行相关操作时，网站会响起音乐，引发用户的情感共鸣。WebGL 和 CSS 3D 技术则在计算机和手机上实现了 3D 城市天际线与全景图的结合，创造了令人震撼的 3D 视觉体验。消费者可以填写发送对象的邮件地址或谷歌联系人，在发送之前附上一些悄悄话，点击"发送"就可以将专属的吻传递出去。这个吻借助 Google Earth 与 Google Street View 工具能够出现在用户所在的任何地点。喜欢使用社交平台分享生活的消费者还能将吻上传至 Facebook 或 Twitter，以便将其分享给更多的朋友。

第二种创意表达方式是"千人千面"的动态创意呈现，主要指利用程序化技术让不同的消费者在不同情境下看到相关度极高的广告。谷歌将不同的广告素材放到一个创意模板中，如果某位消费者 10 分钟前在某电商平台看了一个包但没有购买，程序化广告平台就会知道这位消费者对这个包是感兴趣的。当该消费者出现在其他网站时，平台会识别出该消费者，并向其投放刚才那个包的广告。

此外，随着消费者在移动设备上所花的时间越来越多，提供符合情境的原生广告体验变得比以往更加重要。2013 年 6 月，谷歌宣布 DoubleClick 平台开始支持原生广告的批量制作与传播。发布商可以创造个性化的原生广告，并决定自己的应用软件显示哪些广告；同时，DoubleClick 也将向大多数广告主提供自动生成的批量、标准化的广告模板，使广告主更加便捷地购买和调整原生广告。

在程序化广告的众多环节中，投放是最重要、最复杂的一环。只有充分进行技术整合与高效协作的平台，才能让广告主真正有效地向不同媒体终端的用户传递精准的品牌信息。谷歌通过技术整合，一方面可以优化广告活动的执行效果，另一方面可以进行高效的跨屏投放。

Google DoubleClick 作为覆盖全球媒介资源与多元业务的综合性程序化广告平台，在具体的广告投放过程中，既可以向上对接数据洞察环节、强调消费者需求，通过单一的控制中心实现跨屏程序化投放，也可以向下连接广告效果监测，为广告主提供跨屏、跨平台、跨环境的效果报告，使广告主获取实时反馈、及时更新投放方案。谷歌的程序化广告平台在具体的广告投放过程中通常会整合各个流程的技术，从而最大限度地发挥程序化投放的价值。

以英特尔（Intel）的广告投放为例：第一步，DoubleClick 平台对消费者进行深入分析，了解哪些消费者会对该品牌感兴趣、他们已经搜集了哪些相关信息，以及他们计划购买什么设备；第二步，基于上一环节的结果，DoubleClick 平台可能向这些消费者提供相关广告；第三步，通过监测广告效果，广告主最终选择投放具有互动性的富媒体广告，因为富媒体广告能让消费者直接点击注册，进一步了解品牌或购买品牌产品。通过在全球范围内实时评估与衡量广告投放效果，DoubleClick 平台积累了综合性的投放技术，使程序化投放的价值真正地显现出来。

此外，随着消费者拥有的终端设备日益丰富，广告的跨屏投放成为业界的热点。对谷歌而言，技术的打通与整合也是实现广告跨屏投放的关键。谷歌利用匿名化的用户登录数据打通用户的跨屏数据，当用户通过不同的终端设备登录时，程序化广告平台会判断出这是同一位用户，并向其投放符合其兴趣的广告。此外，谷歌也在探索如何在保护用户隐私的前提下实现跨环境的数据打通。例如，用户使用同一个手机在视频应用和社交应用中跳转，谷歌需要将两个不同环境的数据打通。谷歌于 2015 年将跨设备衡量引入 DoubleClick 广告产品，这能让营销人员对消费者的跨设备转换行为进行衡量，也能够让广告主衡量从谷歌购买的广告。

（四）关注效果，改善广告监测体系

广告投放的效果始终是广告主最关心的，而以平台之力改善广告监测体系，推动全行业建立统一的监测标准，是谷歌长久以来关注和探索的主题。

1. 改进监测技术，提升广告效果

购买程序化广告需要更高的透明度，而有些互联网广告并不能被用户看到。例如，在一个门户网站中，首页很长，用户只能看到第一屏，但是广告在第二屏或第三屏，这时用户就看不到广告，这些付费展示的广告也就没有产生应有的效果。面对这种现象，谷歌推出了一个有效的广告监测技术，用于监测广告的可视性，评判用户是否真的看到了广告。谷歌的可视性衡量标准规定，只有当不少于 50% 的广告内容的可视时间达到 1 秒及以上时（视频广告的时间达到 2 秒及以上时），购买了谷歌服务的广告主才需支付费用。与此同时，谷歌还自主开发了相关技术，除了能测量广告是否出现，还能测量广告的哪一部分显示在了用户的屏幕上。

2015 年 1 月，谷歌再度发布新的监测服务，进一步推行可视性衡量方式。新的监测服务能够帮助广告主了解观众是否观看了通过 DoubleClick 投放的视频广告。此外，谷歌还曾推出广告效果统计工具 Store Visits，用于帮助广告主衡量线上广告点击转化为实体店消费的效率。DoubleClick 平台不断改进监测技术，推出新的监测方式与标准，帮助广告主获取更准确的广告投放效果数据，同时提高了广告主和发布商对平台的信赖程度。

2. 注重品牌与效果的双重监测

谷歌目前能够使用同一套广告效果监测体系同时衡量广告在品牌与效果两个维度的转化效果，相应的技术与监测体系也已经成熟。

具体来说，谷歌可以使用同一条代码同时监测和记录广告投放过程中的曝光量、点击率、转化率与消费者行为数据，并构建归因模型，分析广告投放所产生的直接点击效果、转化效果、品牌关键绩效指标提升效果及它们之间的关系。在品牌传播效果方面，谷歌通过具体的衡量指标帮助品牌广告主判断哪些广告给受众留下了符合预期的印象，衡量指标包括有多少人记得某条广告、受众对某个品牌的认知程度及购买某个品牌产品的概率等。而在广告投放效果方面，谷歌能监测的效果并非单一效果，而是更加深入和多维的效果。以点击付费的广告为例，谷歌的监测不再停留在广告点击这一个环节，而是持续跟踪这则广告带来的用户注册量。例如，某银行推广信用卡时希望了解用户在看到广告后是否会注册并提交信息，谷歌的程序化广告平台可以对其进行无缝监测：该用户在三天前看过该信用卡广告，两天前登录过品牌网站，现在提交了注册信息。

换言之，谷歌可以用同一套广告效果监测体系对品牌广告及按点击付费广告和按成果计费广告等效果广告的投放进行追踪和监测，通过数据分析得到广告与品牌、效果之间清晰的因果关系。基于这套广告效果监测体系，谷歌可以为广告主提供更加准确和高效的实时优化方案，提升广告投放的整体效果，并进一步挖掘和展现程序化投放的价值。

第三节　社交媒体时代服装品牌联名营销发展新态势

如今，服装品牌的联名营销出现新的态势，既有新的尝试和发展，也出现了一些新问题。针对这些问题，本节将提供一系列新的应对策略，以促进服装品牌联名营销在社交媒体时代的长远发展。本节从新尝试、新问题、新策略三个方面展开分析，将服装品牌联名营销的发展新态势尽可能全面地展现出来。

一、社交媒体时代服装品牌联名营销的新尝试

相较于传统媒体时代，社交媒体时代的服装品牌联名营销活动有了许多创新。粉丝众多的网络红人、日益崛起的国货、不断刷新人们眼球的跨界活动为服装品牌联名营销带来了新的可能、新的特色。

（一）网络服装品牌的尝试

在社交媒体中有很多网络红人都拥有相当数量的粉丝，他们可以利用自己的粉丝，通过多种方式将流量变现。例如，他们可以在自己的微博、抖音、快手账号中发布自己喜欢的产品，赚取推广费用。此外，有的网络红人还会创建自己的品牌，在网上开设自己的店铺，吸引粉丝并促成交易，从中获取一定的收入。

在社交媒体快速发展的背景下，网络红人使用的营销方式基本趋于同化。为了更有效地完成流量变现，他们必须不断创新营销方式，在不断创新的过程中，他们发现品牌联名营销有非常多的优势。首先，联名营销可以让他们获得更多的关注，这有利于他们保持自身的网络热度；其次，联名营销可以

让他们的品牌获得更大的经济利益，品牌的附加值可以得到提升。

（二）国货品牌的创新

在社交媒体时代，购买国货成为全新的热潮，年轻人开始追求复古国货，把中国风当作时尚，他们对国货品牌的追求反映了年轻一代的文化自信。与国外服装品牌相比，国内服装品牌进行的联名营销活动比较少，而且开始举办这类活动的时间也比较晚。但是，随着最近几年国内服装品牌对这类活动的重视，国内服装品牌的联名营销活动也取得了一定的成效。

传统的国货品牌必须要解决的问题是品牌老化。我们可以将品牌简单地理解成一个产品，每个产品都有自己的生命周期，很可能会受到各种因素的影响而式微。通常情况下，一个品牌发展到一定程度就会开始走下坡路。如果品牌一直没有创新，就必然会被时代所抛弃，也必然会被其他品牌所取代。因此，为了避免品牌老化，企业必须注重品牌创新，尤其是传统的老字号品牌，而创新的方法之一就是品牌联名营销。

传统的国货品牌可以和年轻品牌推出联名营销活动，在产品设计中加入一些新的元素，这可以让传统的国货品牌展现出符合时代潮流的全新形象。传统的国货品牌本身在市场中就有一定的知名度和一些忠实的消费者，在加入新元素之后必然会获得更好的营销效果，品牌价值必然会增加。当人们看到联名营销活动时，会自然而然地联想起和该品牌有关的记忆，也会感受到新产品中展现出来的品牌生机。当下的很多年轻人对联名款产品的追求十分狂热，购买经典国货品牌产品可以彰显他们的时尚态度。

除了传统的国货品牌注重联名营销活动，市场中的一些新锐国产品牌也注重联名营销活动，很多新兴国产服装品牌虽然没有较高的知名度，但是它们可以借助社交媒体获得新的发展机遇。现在的消费者非常注重设计的独特性，他们希望通过服装体现自己的个性，而新兴国产服装品牌的特点之一就是敢于创新。国货品牌独特的风格、新鲜的元素可以吸引更多的消费者，这既有助于国货品牌更好地占领市场，也有利于国货品牌的持续发展。

总而言之，国货品牌可以通过联名营销的方式进行积极的创新，规避品牌老化的问题，让自己始终保持旺盛的生命力。

（三）品牌跨界的升级

社交媒体时代的消费者眼界更加开阔，服装品牌如果仅仅在行业内进行联名营销，很难激起消费者的购买兴趣。也就是说，在社交媒体时代，消费者更加期待跨行业的联名营销，即跨界联名营销。具体来讲，跨界联名是指跨越行业进行品牌合作，这样的合作可以从多个角度对一个产品的特征进行诠释。

跨界联名营销的优势有以下三点。第一，两家联名的企业没有竞争关系。虽然两家企业之间存在一定的相似性，目标消费者也比较相似，但是因为两家企业所处的行业不同，所以经营的产品类型不同，并不会形成直接的竞争关系。开展跨界联名营销有助于双方更好地吸引消费者，也有助于双方保持消费者的忠诚度，也就是说两个品牌在这场合作中是互利共赢的。第二，进行跨界联名的两家企业的品牌理念及品牌形象存在相似性，所以即使行业不同，双方也能进行很好的合作。例如，李宁和红旗是不同行业的代表企业，但是它们都是非常优秀的国货品牌，它们的合作非常顺利。第三，跨界合作本来就能够带来更高的关注度，尤其是处于不同行业的品牌进行合作可以将之前没有任何关联的元素组合起来，使不同的元素产生碰撞，这能更大程度地刺激人们的消费欲望，获得更好的营销效果。

服装品牌选择跨界联名营销可以快速地获得人们的关注，可以获得更大的经济利益。现在有很多行业都和服装行业进行跨界合作，如漫画、彩妆、饰品、游戏、汽车等。最近几年，李宁和很多行业的企业都开展了跨界合作，该品牌也一度成为当下年轻人最喜爱的品牌之一，并且走出了国门，登上了国际舞台，让世界人民看到了中国的时尚风格。2018 年，李宁与知名汽车品牌红旗举行了一场跨界联名营销活动，相关产品都有大胆的设计，加入了很多中国文化元素。两个品牌通过寻找品牌契合点展开了深入的合作，为消费者带来了具有中国风情的服装产品。通过这次合作，两个品牌都获得了良好的口碑，都在一定程度上开拓了市场。李宁也通过这样的创新改变了人们对它的固有认知，给品牌注入了更多的新鲜血液。

二、社交媒体时代服装品牌联名营销的新问题

服装品牌联名营销并非总是成功的。近年来，随着服装品牌联名营销活动的增多，失败的案例也相应地增多。本小节将从四个方面探讨社交媒体时代服装品牌联名营销的新问题。

（一）品牌忠诚度维系难度提高

品牌忠诚度是指消费者对品牌的忠诚程度，如果消费者的品牌忠诚度比较高，消费者就可能会反复购买该品牌的产品。在消费者不断购买品牌产品的过程中，品牌和消费者之间建立了信任关系，消费者的品牌忠诚度会更高。品牌价值的核心就是品牌忠诚度，消费者的品牌忠诚度直接决定其消费偏好，也直接影响品牌的经济效益。消费者对某个品牌异常忠诚是因为消费者认可品牌的附加价值，在大多数情况下并不是因为认可产品本身的价值。例如，购买奢侈品的消费者主要是因为奢侈品可以反映其形象，表明他们的身份和地位。再如，购买潮流品牌产品的消费者希望借助潮流品牌表达自己的个性和人生态度。消费者的需求不同，选择的服装品牌就会不同。因此，品牌会利用自己的风格去吸引消费者，提高消费者的品牌忠诚度。但是，如果品牌

的发展脱离了自身的定位，消费者的品牌忠诚度就有可能下降。

在社交媒体时代，服装品牌联名营销的效果更好，但品牌忠诚度被削弱的风险也逐渐显现。例如，路易威登与 Supreme 的联名可以说是服装品牌联名营销史上浓墨重彩的一笔，但在它们成功的背后也存在品牌忠诚度被削弱的风险。两个品牌有着完全不同的理念：Supreme 一直以叛逆、年轻的形象示人，而高贵、经典、奢侈是路易威登的代名词。二者进行联名营销明显违背了各自的品牌理念，可能会使各自的忠实消费者对它们产生怀疑，再加上社交媒体上铺天盖地的宣传和评论会放大这种矛盾，使两个品牌的忠实顾客对品牌的抵触心理加深，最终可能造成品牌忠诚度下降。

（二）产品质量难以保证

品牌要想保持自身的形象及在市场中的地位，就要重视产品。如果品牌只注重营销而没有好的产品，品牌形象就像幻影一般不切实际，品牌也没有办法长久地发展下去。

在传统媒体时代，由于受到传播速度和传播方法的限制，品牌发展速度比较慢。在这种情况下，品牌更关注产品质量。但是，在社交媒体时代，一个品牌可以借助社交媒体快速打开市场，获得大量的消费者，这使得一些品牌特别浮躁，它们一味追求更高的经济效益，不重视产品质量。换句话说，不少企业仅仅把联名营销当作手段，更加注重联名营销带来的经济效益，而推出的产品质量参差不齐。

联名营销这种方式被频繁使用后已经引起了部分消费者的审美疲劳，在这种情况下，有一些品牌为了更好地获得竞争优势会降低产品价格，但是降低产品价格往往也会降低产品质量，这会导致消费者越来越不认可服装品牌之间的联名营销活动。例如，快时尚品牌非常注重产品设计，但是产品质量经常被人们诟病。通过这一现象我们可以发现，虽然出色的产品设计足以吸引消费者的注意，但是当消费者觉得产品质量存在问题时就不会对品牌保持忠诚。所以，从长远发展的角度来看，如果联名产品的质量不佳，反而会阻碍品牌产品的销量增长，甚至还会使品牌形象遭受破坏。

（三）产品同质化竞争

同质化是指某一个领域中的品牌长久没有进行创新，不同品牌的产品在互相模仿的过程中越来越相似的现象。这种现象在社交媒体时代到来后变得更加明显，有很多同质化的产品不断出现在社交平台上。一般而言，当人们开始狂热地追逐某一个品牌的产品或某一个联名款产品时，其他的服装品牌就会刻意模仿这个品牌的设计。可以说，在社交媒体的推动下，同质化问题越来越严重。

红色象征活力和激情，因此以红色为主色调的可口可乐是服装品牌联名营销的绝佳选择。可口可乐先后与国内外多家服装品牌开展品牌联名营销。不同品牌的服装上的可口可乐标识鲜明醒目，但大同小异、毫无个性，消费者很难看出差别。对可口可乐而言，滥用品牌联名营销存在透支品牌形象，引起消费者反感的风险；对服装品牌而言，与可口可乐的品牌联名营销效果被弱化，甚至可能无效。热闹过后，消费者也许只会留下"可口可乐有很多联名款服装"的印象，却不记得它具体与哪些品牌合作过，以及推出的服装款式如何、风格如何。

此外，备受服装品牌青睐的迪士尼也遇到了类似的问题。国内外多家知名品牌频繁与迪士尼开展品牌联名营销，竞争十分激烈，消费者难以抉择，最终造成印有米老鼠头像的卫衣遍地的局面。

（四）设计浮夸、缺乏美感

设计是服装品牌的灵魂。人们一直非常注重衣服的设计，特别是年轻消费者，他们更加注重产品设计，产品设计会直接影响他们的购买决策。在过去，服装品牌之间的联名营销活动形式过于单一，只是在同一件衣服上同时呈现两个品牌的代表元素。但是，在社交媒体时代，这种简单的联名营销方式对消费者已经不再具有吸引力。如果企业只是在产品中同时添加两个品牌的代表元素，那么不仅不能吸引消费者，还有可能出现消费者抵制产品的现象。之所以出现这样的现象，是因为社交媒体时代的消费者更加注重个性，难以忍受设计元素的简单叠加，他们在看到这样的产品后不仅不会喜欢，还会在社交平台上发出批评，认为该品牌没有创新能力。与此同时，有一些品牌为了避免推出设计平平无奇的产品，会在设计产品时追求浮夸的风格，这也导致一些联名款产品缺乏美感。

例如，2019 年新晋潮牌 Opening Ceremony 与某辣酱品牌合作，推出了系列联名款服装。然而，联名款服装的设计浮夸且俗气，虽新意有余，但毫无美感可言。在社交媒体上，网友们对该联名营销活动的讨论较多，但大多数是对糟糕设计的批评。

消费者也许会因为一时的好奇而购买品牌形象差异大、设计浮夸的联名款产品，但很难因此对两个品牌产生好感。浮夸的设计甚至可能让消费者对两个品牌的设计水平产生怀疑。

三、社交媒体时代服装品牌联名营销的新策略

本小节将在社交媒体时代这一背景下，针对前文阐述的服装品牌联名营销的新尝试和新问题提出一系列新策略，以帮助服装品牌通过联名营销获得更好的营销效果。

（一）社交媒体深挖消费者需求

服装品牌若要开展联名营销，首先要了解消费者的需求。现在，消费者的需求更加精细化，消费者的喜好变化很快。服装品牌开展联名营销是为了吸引更多的消费者，所以，服装品牌一定要做好前期的调研工作，征求消费者的意见，拉近品牌与消费者之间的距离，为消费者量身定制产品。

在实际操作中，针对不同的消费者要制定差别化的方案。例如，调查喜欢"二次元"的消费者的需求时可以在哔哩哔哩上发布话题，也可以与动漫品牌展开合作。如果设计的产品和明星有关，就可以利用微博了解明星的动态，选择粉丝人数多并且风评较好的明星代言产品，开展相关的合作。

（二）社交媒体助力培养忠实消费者

一般情况下，联名营销都是短期合作，但是品牌仍然可以借助社交媒体，通过这种短期合作吸引更多的消费者，以培养消费者的品牌忠诚度。相关调查表明，线上品牌社群可以提高消费者的品牌忠诚度，如果消费者参与了品牌社群，消费者和品牌之间的距离就会被拉得更近，消费者就更容易对品牌产生信任。

服装品牌在固定的季节、固定的时间推出一系列联名营销活动可以保持消费者对品牌的忠诚度。如果品牌再开展一些社群活动，产品发布后很快就会在社交媒体上引来更多的关注，人们也会因为产品热度的提高而争相购买产品。品牌可以提前调查消费者的喜好，选择消费者喜欢的其他品牌作为未来的合作对象。在这样友好互动的过程中，品牌可以提前露出下一次合作的蛛丝马迹，让消费者通过这些蛛丝马迹猜测下一次活动的内容、主题，为下一次活动预热。当消费者对活动有了一定的期待后，联名款产品的销售将会更加顺利。

（三）选择合适的合作对象

联名营销非常重要的一个环节是选择合作对象，合作对象选好了，联名营销的效果将会比两个品牌单独开展营销效果更好。在传统媒体时代，品牌之间的联名营销活动比较单一；而在社交媒体时代，消费者更期待创意十足的联名营销活动。服装品牌可以从以下两个方面创新联名营销活动。

（1）服装品牌可以开展跨界联名营销活动。服装品牌和其他行业的品牌开展品牌联名营销不会产生竞争问题，双方也会因为跨界合作吸引更多消费者的关注。服装品牌在选择合作对象时，最好选择文化底蕴丰富、消费群体特征类似的品牌，这种合作更容易取得成功。

（2）品牌可以选择和合适的明星开展合作。品牌可以借助粉丝群体的力量宣传自己的品牌。但是，选择明星要谨慎，一旦明星出现负面新闻，粉丝就会大量流失，情况严重时甚至可能导致明星直接退出娱乐圈。一旦出现这种情况，品牌一定会受到负面影响。所以，品牌在选择明星时，一定要全面考察明星的个人风评和粉丝数量。此外，品牌还要提前做好应对负面新闻的公关预案，这样就可以保证问题出现时能够被及时解决。

（四）结合多种营销方式

在社交媒体不断发展的过程中，营销方式层出不穷，以前使用的营销方式正在被不断升级和优化，与此同时，品牌也在创造新的营销方式。具体来讲，品牌可以进行以下两种创新。

1. 结合口碑营销

口碑营销是指利用口口相传的方式让消费者了解品牌，以便品牌在社会中树立良好的形象，这种方式在传统媒体时代经常被使用，但是其传播速度比较慢，效果有限，而且只能在熟人圈子中进行。但是，在社交媒体时代，人们可以在社交媒体让其他人了解某个品牌的优秀之处，这使口碑营销的传播速度更快，可以在更大的范围内产生影响。因此，在社交媒体时代，企业可以将社交媒体和口碑营销结合起来，让社交媒体的用户去传播品牌，这种方式既可以加强营销效果，还可以为企业节约成本。

美国口碑营销专家安迪·赛诺维茨（Andy Sernovitz）提出的5T模型将这种营销实践细化为5个步骤。首先，服装品牌要满足谈论者（Talkers）的需求。谈论者可以是品牌或合作者的粉丝，也可以是媒体。其次，制造一些吸引眼球的话题（Topics），引发人们的讨论，如联名背后的故事、产品设计的灵感来源、出人意料的合作对象、产品自身的亮点等。再次，选择口碑传播的工具（Tools），如微博、抖音、小红书等社交平台，运用好这些工具是营销实践中最关键的环节之一，品牌要把握好不同平台的传播特点，做出正确的选择。然后，在口碑营销的过程中，品牌要积极参与（Taking part）话题讨论，在粉丝群、超话或评论区与粉丝互动，倾听粉丝的心声。最后，在口碑传播开始后，品牌还须实时监控（Tracking）相关话题的走向和消费者的反馈，以便做出积极回应并制定接下来的策略。

2. 适当运用饥渴营销

饥渴营销是指企业为了维持产品的高价格或始终获得较高的利润而控制产品生产，营造一种产品供不应求的假象。饥渴营销在传统媒体时代就出现过，但是，在社交媒体时代到来后，它得到了进一步的发展。例如，饥渴营销与直播融合，主播在直播开始前进行预热活动，然后在直播的过程中不断强调产品的数量比较少，产品是限量发售的，从而激发观众的购买欲望，催促观众购买产品。

事实上，品牌完全可以通过控制产品的生产数量来提高产品价格，并且配合一些营销手段营造一种产品非常稀有的假象，让消费者产生一种联名款产品非常难买到的错觉，刺激消费者争先恐后地购买。但是，这种做法也有负面作用：如果消费者发现了企业的刻意行为，就会对企业产生负面印象。

第四节　化妆品企业新媒体营销策略的实施与保障

在存量竞争时代，马太效应愈发明显，企业深耕新媒体流量时要做好配套的保障工作，只有这样才能事半功倍地提高本品牌在行业中的渗透率。企业结合大数据应用工具，建立科学合理的新媒体营销目标体系，精准分析并推送与产品相关的信息，可以促进自身向数字化企业转型，提升新媒体服务的有效性与便捷性。企业要将自我革新作为关键，不断提高自身运转效能，构建新媒体矩阵，保持流量优势，参与更广泛的市场竞争，实现产品销量的持续稳健增长。下面具体分析一下化妆品企业的新媒体营销策略。

一、化妆品企业新媒体营销策略优化建议

（一）增强智能性，挖掘产品用户

如今行业竞争的主战场已经从产品价格转向了品牌公信力。为了赢得更大的生存空间，企业需要加快升级，利用新媒体优势，在受众进行网络活动的黄金时间推送产品或企业的宣传信息。企业要选择与产品受众匹配度较高的社交平台上的达人合作，扩大宣传信息的覆盖范围。

面对种类繁多的新媒体，化妆品企业的首要合作对象是在美妆行业具有较高人气的博主、达人等。除了本行业的美妆达人，化妆品企业也可以选择其他行业具有高人气的博主。化妆品企业还要创新多种类、多领域的合作方案，争取将品牌渗透到每一个粉丝群体中。化妆品企业要通过跨行业、跨阶层的多方合作，划分消费者等级，了解消费者个性，在抓牢已有消费者的基础上，优化产品生产，制定恰当的消费激励机制。在新的营销模式下，化妆品企业

可以通过消费者在线上平台分享的美妆经验或美妆烦恼，抓住消费者的个性化美妆需求，再结合大数据调查分析，掌握各年龄层、各区域、各行业消费者的肤质变化特点，为后期新产品的研发、上市打好基础。化妆品企业可以深度开发潜在市场，确定产品的目标用户，利用丰富多样的产品体验、消费鼓励措施，引领更多人加入目标用户群体，再通过产品创新及合理推荐，满足用户的个性化需求并促进成交。化妆品企业要做好高人气、高信用等级的宣传平台上的推介活动，将其作为重要收入来源。化妆品企业要筛选并确定具有合作意义的行业影响者，如关键意见消费者。他们的行业影响力虽然比不上关键意见领袖，但是关键意见消费者与粉丝的互动频率更高，粉丝们会更信赖他们。在营销过程中难免会遇到公关危机，为了防患于未然，化妆品企业必须时刻保持高度的警惕性，提前制定危机处理预案和应急机制，从而保证在危机来临时品牌不受影响。

（二）提升趣味性，做好口碑营销

在快手、小红书等社交媒体上，人们开始共享自己认为有趣且有意义的人和事。品牌营销手段也要迎合用户趣味，如打造标新立异的广告、丰富多彩的体验活动、让人耳目一新的包装和尽善尽美的品牌服务。这样做既可以向用户展示品牌实力，还可以创造更多的趣味分享点。

每一笔交易都是用户与品牌建立联系的开始。化妆品企业要引导用户将产品的使用感受分享给身边的人，以便获得更大的利益。化妆品企业可以恰当地利用社会热点，宣传企业理念、品牌价值、服务理念、产品质量，引起用户共情，加强用户对品牌的信赖，使用户对产品产生最大程度的认可。打开用户内心大门的有效办法，不再是没有温度的产品陈列，也不再是花高价聘请世界名模拍广告，而是使用迎合用户趣味的产品体验手段。

随着用户群体的不断扩大及用户群体所在领域的不断丰富，化妆品企业必须引进现代先进技术，对各行各业、各年龄段的用户群体进行产品偏好、消费习惯等方面的分析，推出高品质的体验活动，塑造丰富多样的产品使用情景，突破用户的心理防线，增强用户对化妆品企业品牌的兴趣。

根据自身产品或品牌的优势，化妆品企业选择人气高的社交媒体达人，可以增加品牌信息的传播温度，使用户加深对品牌的印象。不管开展什么形式的兴趣营销活动，化妆品企业的目的都是给予现有和潜在用户实实在在的福利。因此，化妆品企业要把握好营销活动的趣味程度，否则会适得其反。化妆品企业要尝试站在用户角度思考营销模式，运用更有效的营销手段。在直播带货流行的当下，化妆品企业要充分利用经典单品搭配新款单品、新款单品拉动经典单品的方式，撰写更有吸引力的产品文案，不断触动在直播间蹲守或刚进入直播间的观众的消费欲望。

（三）注重互动性，激发渠道营销活力

化妆品企业要想大幅度提高收益，就要转变企业是卖方、用户是买方的思维，要致力于打造朋友圈式的社交营销氛围。

传统的商业化交流模式已经不适应当代社会的发展，因此化妆品企业要重视网络用户的巨大潜力，深入了解并学会网络用户之间的互动方式。通过良好互动，他们可以为化妆品企业的产品创新、广告宣传等献计献策，化妆品企业也会获得无形的珍贵财富。化妆品企业可以给网络客服开放自由互动的权限，给互动平台一定的回报，送给互动参与者独特的奖励。奖励形式也是多种多样的，如将货真价实的物品作为奖品进行粉丝抽奖。此外，以旧换新、转发福利、晒单返现等也是不错的选择。网络用户受活动吸引，积极分享、转发品牌信息，使化妆品企业的影响力不断扩散。老客户回购，老客户又带来新客户，化妆品企业借此就可以搭建更长久的关系网络。

化妆品企业还可以借鉴业内同行的方法，免费提供激光镌刻等个性化服务，用户在享受这些服务时会产生一种参与产品创造的喜悦感。化妆品企业还可以向用户征集新文案，并鼓励受众投票，一旦文案被采用，用户的喜悦

感就会更强。当用户对某一个事物投入越来越多的精力时，这个事物在用户心中就具有超越事物本身价值的附加值，这就是所谓的"宜家效应"。用户对化妆品企业的情感、对品牌的依赖度也会被强化。

（四）权衡收缩性，遵循价格规律

化妆品企业要紧紧抓住用户的需求变化，时刻关注竞争品牌，适当地调整价格，以确保自身品牌的地位不被动摇。

品牌越高端，化妆品企业对用户的消费心理波动就要越敏感。现在，购买化妆品尤其是购买高端品牌的化妆品不仅是一种日常消费，还是一种展示自身品位的手段。这种消费心理的出现，使化妆品企业看见了新的利润增长空间。化妆品企业在营销过程中除了遵守成本定价的原则，还要参考品牌的附加价值。化妆品企业要将化妆品的品项进行细分后再确定价格，在不同的受众群体眼中，不同品项的化妆品的价格是不同的。化妆品企业要积极参与商场的优惠促销活动，选择合适的时机对部分产品进行降价，以获取更多用户和收益。相比赠送试用小样，用低于原价的价格买到心仪的化妆品对用户而言才更有成就感。用户的喜好和需求是化妆品企业考虑的首要因素。化妆品企业要根据产品的销售热度及平台的促销活动规则，尽量多开展促销活动，以达到用短时调价吸引更多首次建立联系的用户的目的。为一次性购买较多产品的用户提供折扣优惠，将不同功效的产品组成优惠套餐，这些都是有效的营销手段。

二、化妆品企业新媒体营销策略的实施要点

（一）建立新媒体营销管理体系

在新的市场环境下，传统的营销管理体系已经不适用于新媒体营销，企

业营销模式的革新迫在眉睫。化妆品企业必须准确找到营销模式与新媒体营销运行的契合点，及时调整营销模式，建立新媒体营销管理体系。化妆品企业的内部革新并不是取缔原有营销部门，而是将掌握新技术的人才引入原有营销部门，优化团队，合理分配工作。由于化妆品的用户具有差异化，因此营销部门可以组建运营小组，利用新媒体的优势开展引流工作，运营小组可以负责营销部门与直播达人、网络红人的工作衔接。经过一段时间的整合，新媒体营销管理体系会大大缩短产品从前期市场考察到推广上市的过程，营销部门和运营小组一起努力，互帮互助，共同引导用户消费。

（二）制定新媒体营销考核目标

在制定新媒体营销考核目标时，化妆品企业要考虑新媒体的特殊性。化妆品企业要对市场环境、竞争对手了如指掌，要严格把控直播间产品的质量，重视主播的直播卖货能力，不急不躁、稳步打好网络销售攻坚战。化妆品企业可以把平台合作融洽度及产品在平台上的曝光量作为考核内容之一。化妆品企业要秉持公平公正的态度鼓励每一位员工为营销献计献策。化妆品企业要利用一切优势，招揽精通新媒体的专业人才。营销目标要符合新媒体个性张扬、思维跳脱、朝气蓬勃的特点。化妆品企业要定期让营销团队进行比拼，再根据统计结果奖励业绩好的团队。化妆品企业要建立囊括市场各种动态的信息网，不断开发新渠道，持续提升产品质量，时刻捕捉热点，创造丰富有趣的互动话题，吸引更多的粉丝。营销团队的每个小组要明确季目标、月计划、周工作明细，改善工作的规划流程。与品牌相关的影视剧、综艺活动、社会热点时有出现，化妆品企业要及时把握事件热度，增加产品的曝光率。化妆品企业要建立一支品牌专属的新媒体运营团队，该团队要全力完善新媒体运营体系。除了稳定高效地推出专业、优质的推广宣传资料，该团队还要根据自身实际情况，开设粉丝互动专区，组建社群运营小组，维护铁杆粉丝，开发新粉丝。此外，化妆品企业一定要重点关注营销第一线的直播间主播和客户服务人员。这些人员直接接触受众，在提高用户满意度方面起着非常重要的作用。

（三）强化新媒体营销过程

为了实现对运营动态的有效管控，化妆品企业可以采取的措施如下：制定日报制度；关注时事热点，分析粉丝讨论的热点，积极寻找与企业产品相关的关键字词，利用强大的网络搜索功能，更好地完成引流工作；遵循新媒体动态发展规律，依托品牌公信力，重新打造品牌形象，实现产品的趣味化升级，开发产品展示新形式。

博人眼球的产品文案对新媒体营销来说非常重要。化妆品企业要严把文章质量关，选择最能实现广告视听效果的平台投放广告。任何推广宣传方式必须以产品质量为核心，给人留下难忘的品牌印象，使产品的独特属性直达人心。化妆品企业要整体考量化妆品市场的氛围，使品牌推广与新媒体营销相融合，追踪网络搜索痕迹，抓住用户消费需求，及时升级新媒体平台的运营模式，利用电商的流量带货优势，提升自身收益。与此同时，化妆品企业还可以运用大数据分析线下实体门店、网络平台的销售情况，调查产品的被接受程度，分析用户的消费偏好，保证自身处于市场领先的地位。

三、化妆品企业新媒体营销策略的保障措施

（一）组织保障措施

开发和维护新客户必须拥有合适的组织架构，化妆品企业要优化市场营销部、市场调研部、客户服务部、广告公关部等，建立起"带队经理—业务经理—区域经理—产品经理"的组织架构。为了提高员工的数据分析效率，

增强团队合作的能力，化妆品企业可以引进先进的大数据计算和梳理程序，研发符合企业运营需要的大数据分析程序。化妆品企业要充分运用企业资源计划系统，在各个运营领域组建运营小组，合理分配文案写作、活动组织、商务洽谈、粉丝互惠等工作。化妆品企业要加强舆论管控，组建能力强、素质高的危机公关团队，为引流工作提供保障。

（二）人才保障措施

化妆品企业要建立新媒体专业人才储备制度。新媒体运营人员要时刻保持敏锐的网络敏感性，这决定着新媒体运营的成败。只有新媒体运营人员具有敏锐的热点锁定、热点转嫁能力时，新媒体运营活动才能实现预期价值。化妆品企业要重视提高员工的策划组织能力，可以邀请权威的新媒体运营专家为员工进行培训，不定期组织员工进行思维碰撞，选用优质的活动策划案，保存其他可执行的方案，以备后续活动使用。化妆品企业要聘请信息技术专业人才和大数据分析专业人才，对用户消费行为、用户群体潜在价值、品牌公信力和市场环境变化趋势等进行解析。

人才是企业的核心竞争力，化妆品企业要建立科学合理的人才培养晋升机制，激励员工不断进步。正所谓术业有专攻，化妆品企业要精细划分新媒体专业人才的工作职能，如广告设计、媒体运营、行政管理等。化妆品企业还要组织提升不同能力的专业培训，不定期安排员工进行学习分享，为员工的成长提供支持，充实人才储备。化妆品企业要首选认同企业愿景、能力强的人才。有了人才培养计划，化妆品企业的各岗位才能配置恰当的优秀员工。在营销策划的过程中，化妆品企业要以最大限度突出产品价值为出发点，从产品研发、原料采购到产品外观设计、广告推广都鼓励员工各尽其责、发挥奇思妙想。总而言之，岗位职责与员工的匹配度高，品牌创新、领先同行业的目标才能被更好地实现。

（三）资金保障措施

化妆品企业要建立专项资金，根据紧急程度和重要程度配置不同资金的额度，以推动新媒体运营。有了专项资金的保障，化妆品企业就可以开发更多不同类型的推广渠道，打造新媒体运营体系。在活动执行过程中，部门或个人可以先支付活动经费，事后再由企业予以报销。资金申请审批过程要从简，以提高资金的周转率。化妆品企业要制定公正合理的资金使用效果考核机制，严格管控资金的使用流程，使资金的价值最大化。对于各种运营活动，化妆品企业要做好前期预算，在活动执行中要控制平台合作数量和平台管理成本，尽量用较少的资金获取最高的市场占有率。新产品在上市时尤其需要资金支持，化妆品企业要结合推广计划，逐步投入合理的资金，不可盲目追求产品热度，要实时分析资金需求，做好资金分配工作。

第五节 大数据背景下银行个人贷款业务精准营销策略

个人贷款业务作为银行资产业务的压舱石，具有单笔金额小、客户群体广泛、风险较为分散的特点，是利率市场化条件下银行资产业务新的增长点。伴随着民众消费观念的转变，个人贷款业务发展潜力巨大。然而，银行传统的决策机制往往依赖于客户的基本经济状况、信用记录及客户经理的现场调查等标准化流程，这一方面不利于对贷款人做出全面、客观的判断，另一方面也难以对信息不充足的客户进行判断，最终可能导致拓展新客户的运营成本陡增。

金融科技的发展为个人贷款业务营销模式的改进提供了新的思路，为建立在足够了解客户基础之上的精准营销提供了技术支持。银行传统业务积累了大量的客户数据，为充分了解客户提供了坚实的数据基础。决策机构通过深入挖掘客户的基本信息和行为数据，能够掌握客户群体特征，结合业务运营现状及时做出运营决策，同时能让营销人员及时掌握潜在客户信息，以便推动个人贷款业务的精准营销。

根据上述分析，银行在个人贷款业务营销决策过程中，可以基于大数据技术构建用户画像，开展个人贷款业务精准营销，然后运用 4C 营销理论（Consumer，Cost，Convenience，Communication）优化营销策略，进而达到降低运营成本、提高营销效率的目的。

一、银行个人贷款业务精准营销模式

传统的个人贷款业务一般是银行工作人员等待客户到访，这样的模式既单一又被动。银行个人贷款业务营销要打破单一模式，面向有个人贷款业务需求的客户群体，通过聚类、挖潜、拓展、培养等方式开展营销，变被动为主动，积极拓展和培养客户群体。这样做不仅可以拓展潜在客户，而且可以发展存量客户，为精准营销打下基础。

在进行个人贷款业务营销时，银行要根据属性对客户进行划分，明确客户的画像标签。按照客户贷款的使用途径，可以将客户分为生产经营类贷款客户和消费类贷款客户；按照贷款方式，可以将客户分为信用类贷款客户和抵押类贷款客户；按照信用度，可以将客户分为优质客户和不良客户。通过以上分类方式，银行可以对客户进行筛选，为他们提供合适的产品，并根据目标客户群体的类型采用恰当的方式进行挖潜和拓展。例如，生产经营类贷款客户群体和消费类贷款客户群体所需的金融产品不同，银行需要根据不同客户的需求和个人情况推荐合适的产品。再如，对于不良客户，银行需要对其进行群体属性分析，总结出不良客户的特征，以便银行降低贷款损失，保障个人贷款业务的健康发展。

在开展个人贷款业务营销时，要注重个体画像。一是基于个体画像对贷款产品和推广渠道进行优化，结合定价策略，将合适的产品推荐给有相应需求的客户；二是通过个体画像了解客户的具体情况，包括客户的基本属性、所拥有的资产及负债信息、产品偏好、风险特征等，将这些信息组合到一起形成清单提供给营销人员，以增强营销人员与客户的互动，进而提升营销效果和授信覆盖面。

客户经理在实际操作中可以按照以下三个步骤进行营销。第一步，识别客户群体，即通过已有数据对客户群体的划分，读取和了解个体画像，对存量客户群体的标签类别、取值和组合规则等属性进行整理和提炼。第二步，通过整理和提炼存量客户群体的标签属性，找出符合拟营销个人贷款产品的客户群体特征，从目标客户群体中筛选出潜在客户。第三步，对筛选出的客户进行营销，在此过程中结合个体画像为客户提供个性化定制服务。银行个人贷款业务精准营销模式如图 6-1 所示。

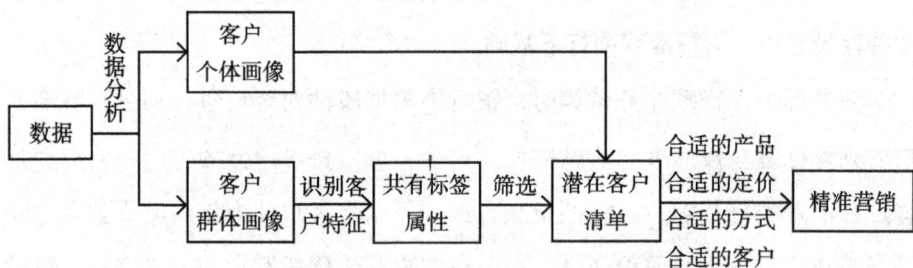

图 6-1　银行个人贷款业务精准营销模式

二、银行基于客户画像的精准营销策略

精准营销策略需要以全量数据为基础，因为简单抽样的误差较大，不符合精准营销的需求。构建客户的群体和个体画像要做全面的数据分析工作，以便最大限度地贴近实际。大数据不仅能为精准营销策略提供数据基础，也能在市场发生变化时及时提供新数据，还能尽快掌握客户需求的变化来更新客户的群体和个体画像。存量客户数据对客户群体画像构建同样具有重要的作用，存量客户的数据分析结果能够帮助银行细分、筛选客户，有针对性地为客户提供服务，保障客户所获得的服务的质量。

存量客户群体画像能够为精准营销提供与产品相符的标签属性。银行基于存量客户群体的标签属性，根据产品定位客户群体，能够大幅提升营销效率、降低成本。有个人贷款需求的客户主要分为两类：一是消费类客户，这类客户一般有购房或购车需求；二是生产经营类客户，这类客户需要资金进行生产经营。存量客户群体画像提供的标签属性包括年龄、历史产品办理、持有产品、金融资产、贷记卡消费记录等结构化标签，以及日常关注领域、单位地址、其他贷款使用等非结构化标签。个人贷款产品具有不同的特征，能够满足客户的不同需求，银行可以按照存量客户群体画像筛选出生产经营类和消费类客户，然后分别向他们推介合适的产品。

三、基于 4C 营销理论的营销策略优化

以消费者为中心是精准营销的本质特征，因此研究消费者需求的 4C 营销理论可以被应用于精准营销策略的优化。本小节将从 4C 营销理论的角度出发，从消费者（Consumer）、成本（Cost）、便利（Convenience）、沟通（Communication）四个方面对银行的精准营销策略进行优化。

（一）挖掘数据，搭建全面客户视图

搭建全面客户视图要按照以下两个步骤进行。首先，银行要根据已有的结构化数据对客户进行细分。对于信息不全或定位不明的客户，银行要利用现有数据了解和深挖客户需求。银行要提升客户数据在不同系统之间的关联性，深入了解客户情况，对目标客户进行细分。其次，银行要利用非结构化数据了解客户动向。有了多样化的客户动向信息，银行才能构建更加完善和立体的用户画像，才能更精准地对客户进行细分。银行要对非结构化数据如客户手机银行、微信银行、官网浏览记录及与银行系统有关的信息（包括电商平台跳转银行支付平台的消费信息、网贷产品借还款记录等）进行分析，了解客户的生活、消费情况和倾向性。

（二）科技赋能，降低使用成本

银行在营销策略方面要注重从客户的角度考虑问题，在关注自身成本的同时也要帮助客户降低使用成本。在产品功能满足客户需求的基础上，成本将成为提升客户购买意愿的最重要因素。合适的价格不仅能够促进客户购买产品，还能增强客户的黏性。线上渠道是数字时代背景下客户首选的购买渠道，除了购买便捷等因素，大数据所推送的符合用户画像的个人贷款产品也提升了用户体验。精准推送依靠的是大数据对客户倾向性的把控，例如，客户关注买房、装修等相关词条，银行就会推送购房、装修类产品；客户搜索购车信息，银行就会推送购车类产品。大数据能够根据客户需求进行精准推送，按照匹配程度高低向客户推荐产品，客户也省去了选择的麻烦，节约了时间成本。

（三）拓展渠道，方便客户

银行要在办理环节为客户提供便捷服务。一方面，银行要优化办理渠道，

提升数字化水平，如优化银行 App、官网等。银行要对传统业务的线上办理流程进行优化，简化业务办理流程，根据用户画像进行贷款申请信息的自动补充，提高服务效率，提升客户体验。另一方面，银行要与客户经常接触的渠道进行合作，如客户常用的 App、网站等。通过这些渠道，银行可以获取更多的客户信息，精准投放个人贷款业务的广告信息；能够通过技术手段将产品链接嵌入合适的位置，进而增加业务办理入口，为客户提供方便。

（四）畅通沟通渠道，增强客户黏性

沟通顺畅是实现精准营销的保障，也是增强用户黏性的重要条件。一方面，客户通过短信、微信、电话接收的推销信息非常多，因此客户的戒备心理比较强，银行很难与客户建立信任关系，实现双向沟通的可能性较低。另一方面，客户需求的变化不能及时得到银行的响应，也会导致沟通不畅。因此，在精准营销的过程中，银行需要对线上和线下的信息及营销策略进行整合，提升服务质量，及时了解客户的情况，主动跟进客户，主动了解客户遇到的问题，并帮助客户解决问题，保证客户在了解产品、购买产品及获取售后服务的全过程中都有工作人员进行说明指导。

四、银行实施精准营销策略的保障措施

（一）制度保障

自 2020 年以来，不少银行已经提出数字化转型的战略部署，要求按照"科技开路、对公先行、零售跟进"的原则，发展互联网重点场景，主动运用数字思维应对问题、突破难点。基于用户画像的银行个人贷款业务的精准营销策略正好适应了推动数字化转型发展的需求。

（二）组织保障

银行相关工作人员是实施精准营销活动的重要力量，因此，对相关工作人员的安排和管理是银行做好精准营销活动的关键。银行只有做好组织保障，才能在工作人员众多且业务量大的情况下对人员进行明确分工，构建金字塔式的稳固管理结构。在银行金字塔式的管理结构中，管理层要及时跟进精准营销策略的实施，注重过程，及时发现和解决问题；辅助工作人员做好营销工作，对工作进行阶段性评估。执行人员作为一线工作人员，要根据要求，按照相关规范落实精准营销策略，在发现问题后及时反馈并解决问题。

（三）技术保障

实施精准营销策略需要技术保障，数据分析处理能力是不可或缺的。因为大量的客户信息需要通过高效敏捷的认知和分析才能被提取和整合，所以数据应用能力是营销人员必备的能力。科技的发展为精准营销策略的落地提供了基础，银行应该加大科技投入，不断优化系统，增强应用功能，提升客户体验，同时要为一线营销人员提供便捷的工具，从而推进精准营销策略的实施。很多银行近年来更加注重吸纳专业人员，注重所招聘人才具备相关技能，在校园招聘中注重增加科技和统计专业人才的占比。金融科技水平逐渐提升、专业人才的吸纳和培养可以为银行实施精准营销策略打下坚实的基础。

参考文献

［1］曾淑文.新媒体运营［M］.重庆：重庆大学出版社，2020.

［2］邓丽，易路博.新媒体运营［M］.重庆：重庆大学出版社，2018.

［3］李东临.新媒体运营［M］.天津：天津科学技术出版社，2018.

［4］张兵.新媒体运营手册［M］.北京：中国铁道出版社，2018.

［5］向登付.新媒体运营与营销实操手册［M］.北京：中国商业出版社，2020.

［6］刘珊.大数据与新媒体运营［M］.北京：中国传媒大学出版社，2017.

［7］谭前进，郭城.新媒体运营的理论与实操［M］.南京：东南大学出版社，
2018.

［8］李欲晓，邬贺铨，谢永江，等.论我国网络安全法律体系的完善［J］.中国
工程科学，2016，18（06）：28-33.

［9］单丹.探究大数据背景下新媒体和传统媒体的融合发展［J］.中国传媒科技，
2018（11）：39-40.

［10］华艳.基于新媒体信息的数据挖掘研究［J］.电脑编程技巧与维护，2019
（12）：129-131.

［11］王磊，王勇.新媒体的营销环境与营销策略的创新［J］.新闻传播，2018
（16）：50-51.

［12］钱奕李.大数据对电视媒体运营之道的影响分析［J］.科技传播，2018，
10（15）：42-43.

［13］何凌南，张志安，李威，等."两微一端"用户使用行为与动机研究［J］.
传媒，2016（16）：27-31.

［14］周浒.重塑关系、真实记录与理性到场——网络视频访谈节目《十三邀》的模式创新［J］.青年记者，2018（05）：84-85.

［15］曾鸿，吴苏倪.基于微博的大数据用户画像与精准营销［J］.现代经济信息，2016（16）：306-308.

［16］J.布莱思.消费者行为学精要［M］.丁亚斌，郑丽，霍燕，译.北京：中信出版社，2003.

［17］桑辉，许辉.消费者网上购物动机研究［J］.消费经济，2005（03）：82-85+89.

［18］董琳.从消费者购买决策模型看B2C电子商务的客户信息服务［J］.情报杂志，2004（08）：27-28.

［19］荣晓华.消费者行为学［M］.2版.大连：东北财经大学出版社，2005.

［20］龚振.消费者行为学［M］.广州：广东高等教育出版社，2004.

［21］喻国明，李彪，杨雅，等.新闻传播的大数据时代［M］.北京：中国人民大学出版社，2014.

［22］丁俊杰，康瑾.现代广告通论［M］.2版.北京：中国传媒大学出版社，2007.

［23］陈力丹，李熠祺，娜佳.大数据与新闻报道［J］.新闻记者，2015（02）：49-55.

［24］周艳，龙思薇.内容银行的核心理念和特点［J］.广告大观（媒介版），2016（2）：38-43.

［25］菲利普·科特勒，凯文·莱恩·凯勒，卢泰宏.营销管理［M］.卢泰宏，高辉，译.13版.北京：中国人民大学出版社，2009.

［26］付红安.大数据在社会化媒体营销中的应用研究［D］.重庆：重庆大学，2014.

［27］王菲雪.大数据时代下的网络媒体营销策略研究［D］.天津：天津大学，2016.

［28］栗兴维.如何增强新媒体平台用户黏性［J］.新闻世界，2017（06）：45-48.

［29］蒋好书.文化走出去要有"用户思维"［N］.人民日报，2017-11-07（24）.

［30］唐雷.新时期广播电台在融媒体时代的创新路径探索［J］.新闻研究导刊，2017，8（09）：294.

［31］曹译文.融媒体时代广播电台的转型策略分析［J］.新媒体研究，2018，4（04）：93-95.

［32］敖敏.探析大数据背景下新媒体和传统媒体的融合发展对策［J］.传播力研究，2018，2（27）：93.

［33］陈燕，卢宇，刘旺.大数据背景下传统出版与新媒体融合发展刍议［J］.传播力研究，2018，2（23）：135.

［34］张砚.大数据背景下传统媒体与新媒体融合发展战略研究［J］.传播力研究，2018，2（07）：74.

［35］杨春竹，李志宏.基于大数据背景下的传统媒体与新媒体融合发展模式研究［J］.新闻传播，2017（04）：51+53.

［36］朱扬勇，熊赟.数据学［M］.上海：复旦大学出版社，2009.

［37］李萌.商业网站数据新闻版块的公共性研究——基于对网易数读、新浪图解天下的分析［D］.南昌：江西师范大学，2016.